民法の流れ図

―親族―

中山秀登

流通経済大学出版会

はじめに

　夢とは、岩波国語辞典によれば「（現在のところ実現してはいないが）将来は実現させたい願い・理想。」とあります。では、民法の夢すなわち理念とは何でしょうか。それは、すべての人が独立・平等・自由であること、すなわち強者であることです。しかし、現実に目を向けると、未成年者たち、障害のある人たち、ふだん健康であったとしても病気になった人たち、貧乏な人たち、という弱者が存在します。結論を言うと、本書が扱う民法、第4編、親族の実践原理は「法の強制力をもって弱者を無条件に保護しなければならないこと」です。なぜならば、弱者を無条件に保護して初めて、すべての人を強者にするという民法の夢すなわち理念を実現することができるからです。付言すると、親族法の弱者の無条件保護は、社会保障、社会福祉などと相まって実現されるのです。本書が、よりどころとしている沼正也博士の民法理論については、本書の「民法によるガバナンス」を読んでください。なお、本書で、何かあることについて、人が権利を持っているときは、他の人は義務を負っているという図解を、注のなかで書いていることは、既刊の「民法の流れ図―総則―」と「民法の流れ図―物権―」と同様です。ちなみに、腕力・人種・年齢・性別といった自然的属性をすべて捨象したあとに残る民法の理念的属性すなわち、すべての人の独立・平等・自由を実感するためには、マイケル・ジャクソンの「ブラック・オア・ホワイト」を視聴してください。親族法の理念原理、実践原理、運用原理を実感するためには、キャロル・キングの「ユーガッタフレンド」を視聴してください。二つの曲は、ユーチューブで視聴することができます。本書の出版にあたって、流通経済大学出版会、事業部長、小野崎英氏には、諸事情を慮ってくださり、大変ご尽力いただきました。心より御礼申し上げます。

2023年1月8日

目　　次

※の項目は、条文の配置とは別に、付け加えました。

凡　例

　流れ図については、つぎの書物を参照した。すなわち、寺田文行ほか編・高校数学解法事典、1205頁以下「コンピュータ」である。

　つぎに、記号の意味を述べよう。前掲書1206頁によれば、

　　は、「はじめ」と「おわり」を示す。

　　は、「計算式など処理の内容をかく。」

　　は、「判断の条件をかきこみ、それによって分岐する。」

　本稿では、　　のばあいに、YはYesすなわち、「はい」を表し、

　　　　　　　　　　　　　　　　NはNoすなわち、「いいえ」を表す。

数字だけ書いてあるばあいは、条文を表し、項は① ②などと表す。注は、⑴⑵・・・などとして表す。

注のなかで、図をもちいて説明する。以下のように、図の意味を決めておく。

権利・義務の主体は、人であり、丸で表す。すなわち

権利・義務の主体＝

人　＝　◯

権利・義務の主体である、人を丸で表すのにたいし、権利・義務の客体は、何かあることであり、

四角形で表す。すなわち、

権利・義務の客体　＝　□

人が、何かある権利を持っている、あるいは義務を負っているというばあい、人と権利・義務の客体は、

線で結ばれている、と考える。そこで、つぎのように表す。

─────　　は、権利があることを表す。たとえば、債権。

═════　　は、所有権があることを表す。所有権は、たとえて言えば、綱である。

┈┈┈┈　　制限物権の設定は、所有権という綱から、一本の糸を取り出すことを表す。左図で、

　　　　　　点線は、制限物権が取り出されている状態を表す。

＋＋＋＋＋＋　　は、占有権があることを表す。

・・・・・・・・・・・・　　は、義務があることを表す。たとえば、債務。

⟶　　　　は、「売る」、「買う」などの意思表示などを表す。

　　　は、不動産にかんする物権の変動の対抗要件を表す。

　　　は、動産にかんする物権の譲渡の対抗要件を表す。

参考までに、対抗要件を 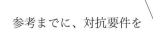 で表したのは、つぎのイメージによる。

中世ヨーロッパの騎士が、片手にもっていた盾のイメージである。敵からの攻撃を防ぐ盾の形は、おおよそ逆三角形であった。そこで、逆三角形の形で、対抗要件を表す。

民法によるガバナンス

1　はじめに

　1975年春。私は、20歳で、中央大学法学部法律学科の門をたたいた。沼正也博士の法学の講義は、私に衝撃をあたえた。沼博士は、およそ次のように述べられた。今の、我妻博士に代表される民法学は、論理性に欠け、あいまいといってよい。しかし、以上の民法学は、官僚による市民支配のための官僚法学にとっては、大変つごうがよい。今の、司法試験も、官僚法学に則っている。およそ、学問は、論理的に整合性がなければならない。法律学は、Ａ対非Ａの2分法による論理に則っている。私（沼博士）の民法学も、以上の論理にしたがっている、と。私（中山、以下同じ）は、以後、沼博士の講義を、水が砂漠に染み込むように、聴いた。32年経った、今、私の中にある思いは、不変である。以下、沼博士の民法学の概要を、図表を交えて伝え（本稿2）、その後、私が沼博士の思想を承継発展させた考えを、図解を交えて説明したい（本稿3）。

2　封建社会から市民社会へ

⑴　民法は、つぎのようにして成り立った。封建社会では、大多数の平民が、少数の貴族に支配され、貴族は、唯一の国王に支配される。ひとりひとりの人の強さは、小・中・大の団子が、くし刺しになったような図で示される。フランスの封建社会は、以上のような状態であった。1789年のフランス革命によって、腕力・性などの自然的属性は、捨象された結果、すべての人に独立・平等・自由という、人と人とのあいだの性質という意味で、理念的内的属性が与えられた。人が外界の事物を自己に結びつけている能力が、権利能力であり、人と外界の事物のあいだの性質という意味で、理念的外的属性である。権利能力は、人が出生したときは、すべての人に与えられる。あたかも、鉄片が磁石に吸着されているのは、磁石のなかに磁力があるからである、と例えられるように、人は、権利能力にもとづいて、外界の物（有体物）・事（無体物）を、みずからに帰属せしめることができる。以上の理念的な内的・外的属性を総合して、民法の三大基本原則、つまり、個人財産権尊重（右代表、所有権絶対の原則）、私的自治の原則（右代表、契約自由の原則）、自己責任の原則（右代表、過失責任の原則）が生まれた。

封建社会

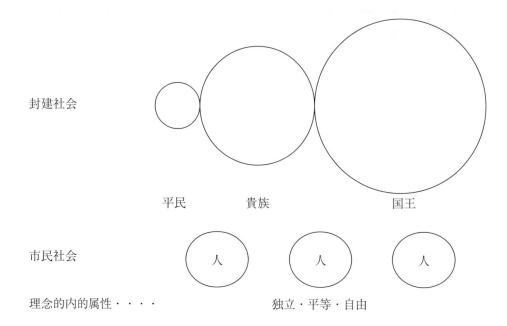

平民　　　　　貴族　　　　　　　国王

市民社会

理念的内的属性・・・・　　　　　　　独立・平等・自由

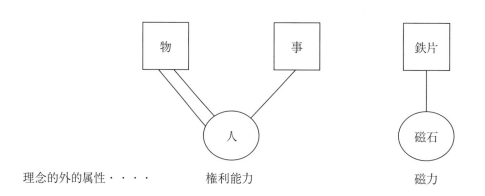

理念的外的属性・・・・　　　権利能力　　　　　　　磁力

⑵　つぎに、民法の構造を流れ図により示す。

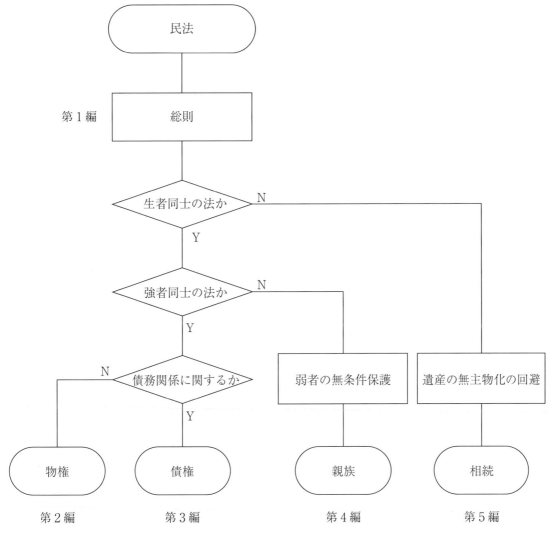

　以上の流れ図を概説する。民法の第1編である総則は、第2編以下の通則、三大基本原則という理念に合致する原則、第2編以下の諸規定の媒介事項を規定する。第5編の相続は、人の死による権利能力の喪失にともなう、遺産の無主物化の回避を目的とする。第4編が親族となっている理由は、つぎのとおりである。社会には、未成年者という生理的弱者、知的障害者、精神障害者などの病理的弱者は、必然的に存在する。以上の弱者を、無条件に保護してはじめて、すべての人を、独立・平等・自由にするという民法の理念を達成することができる。しかし、弱者を無条件に保護するという、酷なことを誰が引き受けるのか。人は、血縁のある者同士には、相互扶助の本能がある。血縁のない者にたいしては、地縁による相互扶助がある。とくに、血縁のある者同士のあいだでの相互扶助の本能に着目して、民法の第4編は、親族と名づけられた。民法の第2編、物権と、第3編、債権は、財産法の中核をなす。二つの編を分ける判断基準は、債務関係を生じるばあいが、債権であり、債務関係を生じないばあいが、物権である。

⑶　沼博士の民法学説の根幹をなす、財産法と親族法の対比を表にしてみる。

原　理 ＼ 法	財産法	親族法
理　念	三大基本原則	
実　践	三大基本原則	三大基本原則の反対
運　用	適格審査の原則	次善性の原則

以下、上記の表を説明する。

まず、理念原理について。財産法は、成年者という完全者、いいかえると、強者同士が、一対一で対抗している法である。あたかも、ビリヤードという球戯の球と球が一対一で、ぶつかり合っている様子に、たとえられる。財産法にたいする親族法は、未成年者、成年被後見人のような不完全者、いいかえると、弱者を無条件に保護する法である。財産法にせよ、親族法にせよ、人々の頭上には、民法の三大基本原則が、燦然と輝いている。すなわち、民法の三大基本原則は、民法の理念原理である。

つぎに、実践原理について。財産法は、強者同士が、一対一で対抗しあう法であるから、独立・平等・自由な人と人は、すでに理念を達成している者同士である。したがって、財産法においては、三大基本原則を、そのまま実践原理としてよい。

一方、弱者を無条件に保護する、親族法の実践原理は、つぎのようになる。失業して貧乏な成年者の弟にたいして、裕福な兄の財産を分け与える、家庭裁判所の審判が、扶養である。「弟に、自分の財産を分け与えたくない」という兄の意思からの無条件に、兄は、自分の財産を収奪されるというのが、扶養である。つまり、以上の兄にたいしては、所有権絶対の原則と反対のことが、適用される。

成年被後見人を保護する者が、成年後見人であり、法定代理人である。今後、成年被後見人になる者は、たとえば、認知症を患っている人である。認知症を患っている人、意思無能力者が、後見人になる人と、一対一で話し合って、代理人になってもらう契約をすることは、ありえない。意思無能力者の法律行為は無効であることは、法理上当然だから、である。つまり、法定代理人を付するばあいは、家庭裁判所の審判によるのであって、契約自由の原則とは、反対である。

自分の実子である幼児が、他の幼児の身体権を不法行為によって、侵害したときは、不法行為を行った幼児の親は、自己の不法行為ではなく、他人（実子）の不法行為について、原則として、損害賠償の責任を負わなければならない。以上のように、親族法の実践原理のなかでは、自己責任の原則と反対のことが、行われる。

最後に、運用原理について。財産法の運用原理から述べる。10年ほど前、以下のような新聞記事があった。コンビニのローソンが、零細業者から、商品を仕入れたとき、商品一個、一円ならば、取引する、嫌なら、今後、取引を止める、と零細業者に通告した。以上の経緯を見ていた、公正取引委員会は、ローソンにたいし、以上の取引を止めるよう勧告し、その後まもなく、ローソンは、以上の取引を止めた、という新聞記事である。財産法は、強者同士が、一対一で、取引する法である。したがって、契約自由の原則を当てはめれば、以上のローソンの零細業者にたいする商品一個一円等の意思表示は、法律

上、正当である。しかし、実質的に見れば、ローソンのような大企業と、零細企業とでは、粒の大きさが、あまりに違う。以上のようなばあいは、実質的に見て、当事者が独立・平等・自由かどうかを審査するのが、財産法における運用原理である、適格審査の原則である。

　親族法の運用原理は、つぎのとおりである。前述の扶養を例にとる。家庭裁判所から、兄に扶養の審判が下るより前に、経済的弱者である貧乏な弟と、経済的強者である裕福な兄が、寄り集まって、今後の仕送りについて、相談する。以上の相談は、強者同士の話し合いではない。しかし、強者同士の契約は、独立・平等・自由を達成している者同士の契約であるという意味で、最善である。以上の最善に、あやかって、貧乏な弟と、裕福な兄が、寄り集まって、相談するのである。家庭裁判所からの兄への扶養の審判は、経済的弱者である弟の、無条件の保護という意味で、次善であり、必要悪である。ここに、次善は、最善へ向かって、一歩近づけて運用されなければならない、という親族法の運用原理、すなわち次善性の原則が導かれる。したがって、前述の例でいうと、家庭裁判所から、兄へ、扶養の審判が下るより前に、弟と兄が相談することは、最善に一歩近づけている、次善性の原則の適用ということができる。

　別の例を挙げよう。未成年の子が、登校拒否になったとしよう。親族法の実践原理は、弱者の無条件保護である。したがって、登校拒否になった子の意思からの無条件に、子を、学校へ登校させなければならない。そうしないと、子は、学習に遅れ、強者になることができなくなるから、である。しかし、最善は、強者同士の話し合い、である。最善とは、子と親が、あたかも、強者同士であるかのように、話し合うこと、である。なぜ、学校に行きたくないのか、ということを、あたかも、強者同士、成年者同士が話し合っている、かのように、話し合うのである。結局、子が、自分の意思で学校へ行くように、物事を進めるのである。以上が、最善に一歩近づけて運用する、親族法の運用原理、すなわち、次善性の原則である[1]。

3　官僚法学から市民法学へ

(1)　沼博士は、官僚法学という言葉を使われた。前述のように、官僚法学は、あいまいであることを、好都合として、官僚の意のままに、市民を支配する法学である。沼博士は、沼正也著作集のなかで、街のおじさん、おばさんでも分かる民法でなければならないと述べられている。以下、私が、沼博士の学説の影響を受けながら、考案した、民法の図解を中心に述べてみたい。

　私は、大学の講義の最初の方で、民法とは何か、ということを、学生に、視覚的に訴える意図をもって、民法を、アニメ「天空の城ラピュタ」に、なぞらえて図解する。つぎのようである。

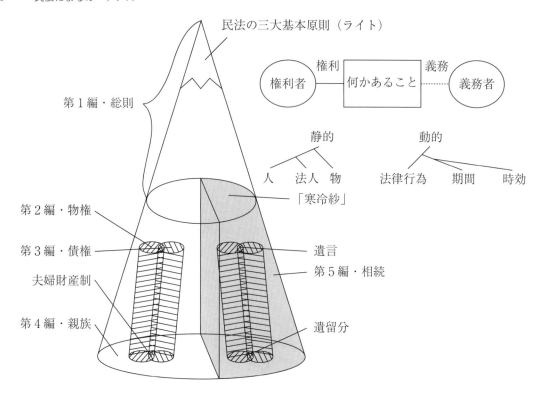

　天空の城ラピュタのラストシーンで、ラピュタが空中に浮かんでいる場面がある。民法は、規範であり、空中に浮かんでいるラピュタである。地面で、人々が生活している様は、事実であり、規範とは、いちおう区別して考えることができる。ラピュタのなかには、反重力の力をもった飛行石があって、ラピュタという城を空中に持ち上げている。民法の三大基本原則は、飛行石であり、別の例えを用いると、ライト、照明で、下の方を照らしている。ライトのすぐ下にあるのは、権利と義務で構成される法律関係である。何かあること、について権利をもつのが、権利者であり、同じ何かあること、について義務を負うのが、義務者である。権利・義務の主体が、人と法人である。法律関係においては、権利・義務の客体は、物（有体物）か事（無体物）である。民法では、権利・義務の客体を、代表的に、物つまり有体物とする。以上は、権利・義務を静的に保持している状態である。人の意思にもとづいて、権利・義務を変動させるのが法律行為であり、人の意思にもとづかずに、権利・義務を変動させるのが、期間であり、ただ、人の意思に一歩近づけて運用されるのが、時効である。以上は、権利・義務の動的な状態である。以上が、ラピュタの上半分に相当する民法総則の説明である。

　ラピュタの、民法総則が終わって、右半分に、かかっているのは、寒冷紗、目の粗い布で、上からの光を和らげて、下の方の、相続の分野を弱く照らしている。相続は、人の遺産の清算の法であるだけだから、物権法、債権法を中心とする財産法、それに対比される親族法の上位次元にある生者同士の法ほど、ウェイトは重くない。

　物権を、赤いセロファン、債権を、青いセロファンで表し、物権、債権が重なっている領域には、たとえば、物の売買がある。三大基本原則、というライトが、物権・債権の赤・青のセロファンごしに、いちばん下の、親族という白いところに、赤・青で反映しているのが、夫婦財産制である。夫婦財産制

は、本質、財産法の制度であって、親族法のなかにある、注意規定である。相続にもどる。遺言は、人の最終の意思を重んじる、財産法の原理に導かれた制度である。したがって、遺言は、物権、債権と関係することから、赤いセロファン、青いセロファンで表される。遺言は、人が行ったばあいは、たとえば、夫が、全財産を自分の死後、福祉団体に寄付する、と遺言しても、妻と子には、夫の遺産の半分は残される、という、親族法の原理に導かれた、遺留分の制度がある。したがって、遺言のセロファンごしに、遺留分が赤色・青色で反映される。上述のなかで、赤と青の意味は別にない。

(2)　如上のことは、民法全体を、立体構造として、イメージとして、表した図である。つぎに、民法は、法律の一種である。したがって、前述のように、法律関係を含み、それゆえ、何かあること、について、権利者と義務者が、一対一で、対応している。以上のことを、売買契約を例にとって、図解してみよう。

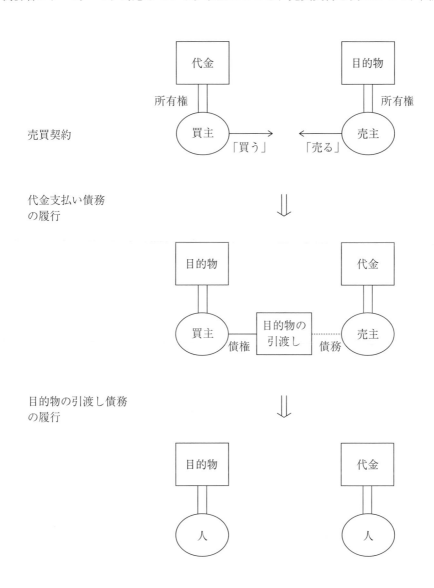

　以上の図を、説明する。人は、頭が丸い、ヘルメットも丸い、ということで、丸で表す。人は、権利・義務の主体である。権利・義務の客体は、人の丸にたいして、四角で表す。権利の主体と客体をむすぶ実線が、権利のある状態を表し、義務の主体と客体をむすぶ点線が、義務のある状態を表す。物権については、とくに説明を要する。所有権は、最強の物権という意味で、大相撲でたとえると、物権の横綱である。横綱が土俵入のときに締める、現物の横綱は、細い糸を撚って、太い綱にしている。以上の、たとえから、所有権だけは、二本線、つまり、太い綱を表している[2]。売買契約のときに、所有権移転の効果を生ずる[3]。したがって、買主は、目的物の所有権を取得している。代金支払い債務の履行により、売主は、代金の所有権を取得している。貨幣にたいする占有は、つねに当然、所有である、からである[4]。けっきょく、目的物の引渡しにかんして、買主には、債権があり、売主には、債務がある。目的物の引渡しの後は、買主は、目的物の所有権を取得していて、売主は、代金の所有権を取得していて、双方とも、所期の目的を達成したことになる。

4　むすび

　民法によるガバナンス、という表題の意味について述べよう。ガバナンスを、統治の意味に解する。わが国の民法典の成立により、すべての人の独立・平等・自由を達成することが、理念とされた。わが国の民法典の成立により、性・腕力といった自然的属性が捨象され、個人の意思の最大限の尊重による、市民社会の統治の端緒があたえられた。つぎに、学説の集積により、学問的財産が生まれ、判例の集積により、法源が生まれた。しかし、沼博士は、以上の法学を官僚法学と名づけ、とりわけ、学問上の盲点を、つぎのように突いた。すなわち、我妻民法学をはじめとする、現状の民法学は、一見、精緻に見える。しかし、たとえば、財産法は、財産にかんする法、親族法は、親族にかんする法、とする現状の学説は、論理矛盾をきたしている。つまり、夫婦の財産は、財産法上の問題か、親族法上の問題か。財産法は、強者同士が、一対一で対抗する法であり、親族法は、弱者を無条件に保護する法であって、財産法と親族法は、Ａ対非Ａの関係にある、と。以上のように、沼博士は、民法による市民社会の統治に、論理的正当性をあたえた。

　私の、民法の図解によるガバナンスは、つぎのことである。出生から、婚姻、死亡に至るまで、すべての人が、かかわるのが、民法である。市民は、民法に無理解であるという状態が続けば、市民は、官僚に支配されたままの、官僚法学の状態が継続し、真の市民社会の実現はできない。したがって、市民が民法を理解するために、私は、文章によるだけでなく、図解を用いることの必要性を感じた。数年前から、私は、「民法の流れ図」を、大学の紀要に連載している[5]。今後も、私は、市民自身が行う、民法による市民社会の統治を目指したい。

　官僚法学とは、官僚のがわに立った法学であり、市民法学は、市民のがわに立った法学である。官僚法学から、市民法学への移行の徴候は、見られる。たとえば、消費者契約法の成立である。今後も、官僚法学から、市民法学への移行の傾向は、続くだろう。最も問題であるのは、一般市民が、民法についての理解が不十分であること、である。一般市民が、民法の基礎だけでも理解することが、市民法学の樹立の第一歩である。一般市民の民法の理解のために、私は、図解を用いる。

注

（1）　沼正也著作集の随所。たとえば、沼正也・沼正也著作集16・墓場の家族法と揺りかごの財産法〔新版〕121頁以下。
（2）　所有権を太い綱に、たとえられたのは、沼博士である。前掲、沼正也著作集23・物権法comments、244頁以下。私の図は、沼博士の、以上の、たとえに依拠している。
（3）　幾代通・体系民法事典・第3版増補、138頁。
（4）　川井健・島津一郎・体系民法事典・第3版増補、181頁以下。
（5）　中山秀登「民法の流れ図」流経法学　第3巻、第1号、2003年10月、以降、連載中。

民　　法（第1編〜第5編の関係）

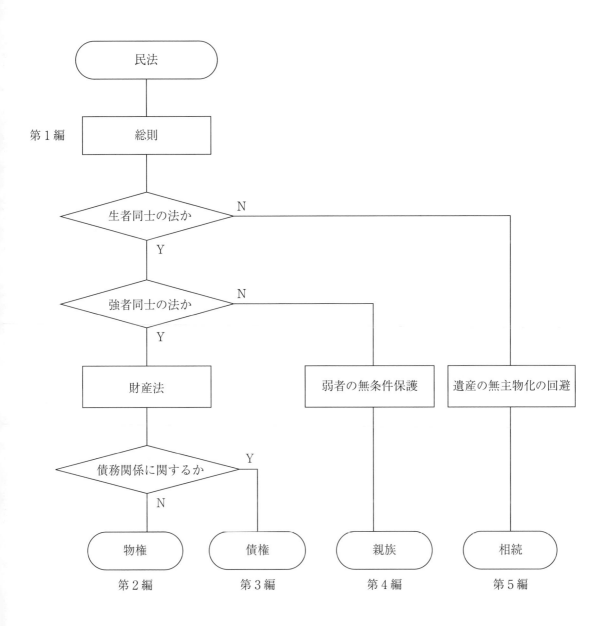

第4編　親　　族（第1章〜第7章の関係）

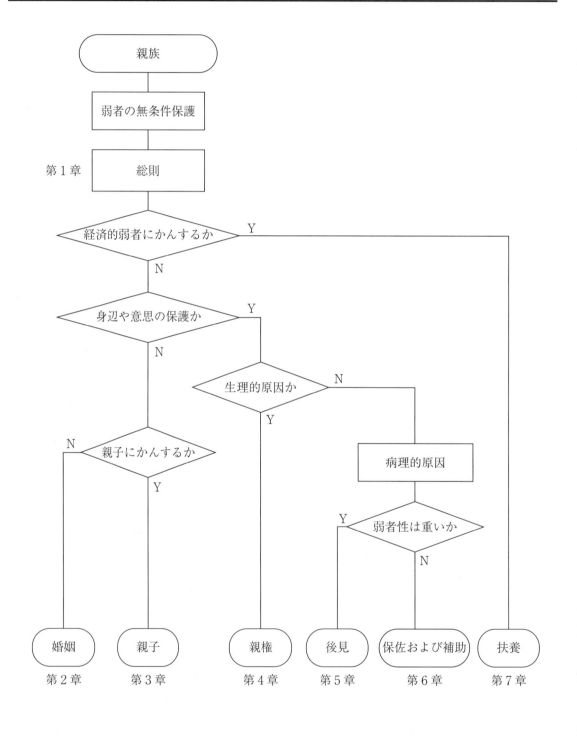

親族法上の弱者にたいする保護の流れ図

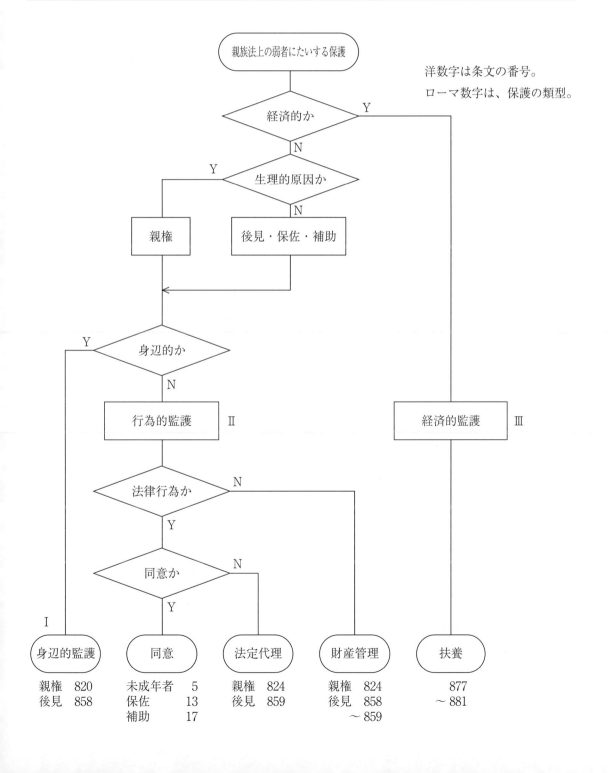

第1章　総　　則（725条～730条の関係）

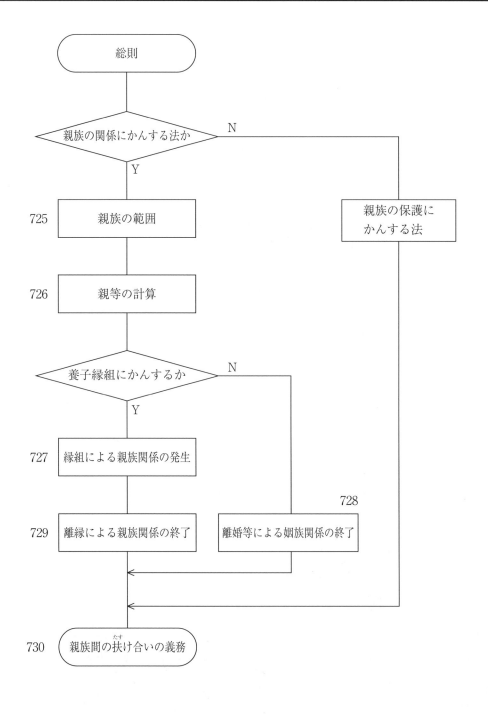

総則

親族の関係にかんする法か → N

Y

725　親族の範囲

726　親等の計算

親族の保護にかんする法

養子縁組にかんするか → N

Y

727　縁組による親族関係の発生

729　離縁による親族関係の終了

728　離婚等による姻族関係の終了

730　親族間の扶け合いの義務

第725条

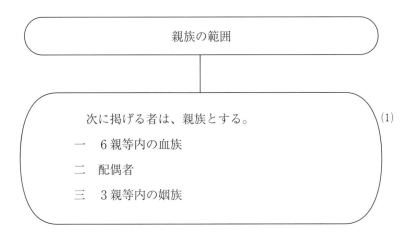

(1)　沼正也・墓場の家族法と揺りかごの財産法〔新版〕（沼正也 著作集16）157頁では、以下のように
　述べられる。「こうした総称の仕方は封建社会の親族団体概念の名残りであり、自然的属性の法的受
　容は不可避な最小限度に止めねばならないという市民社会法の端緒的要請に反逆するものですから、
　立法技術上の便宜さはあっても、このような総括概念は早晩削除せられるべきものといえます。なお、
　ここに親族とは、団体概念ではなく、関係概念であることに注意すべきです（おのれからみて一定範
　囲の血縁関係にある者の指称であって、そのなかにおのれじしんは含んでおらず、そのようなものを
　なお団体と解するなら、日本には国民の総数にも近い親族団体が存在することになる。なお、沼著作
　集一三五頁以下参照。）。」

第726条

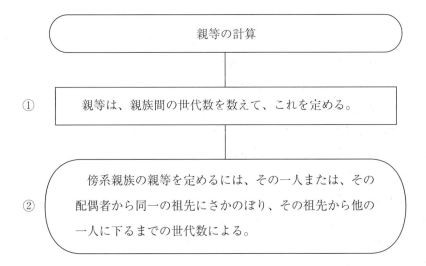

第727条

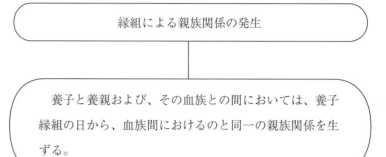

縁組による親族関係の発生

　養子と養親および、その血族との間においては、養子縁組の日から、血族間におけるのと同一の親族関係を生ずる。

第728条

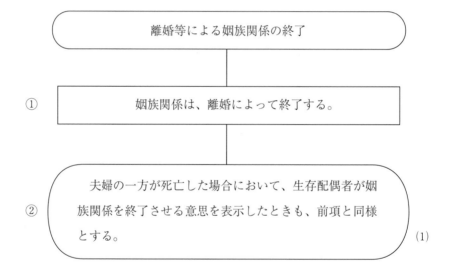

離婚等による姻族関係の終了

① 姻族関係は、離婚によって終了する。

② 　夫婦の一方が死亡した場合において、生存配偶者が姻族関係を終了させる意思を表示したときも、前項と同様とする。　　　　　　　　　　　　　　　　　　　　　　(1)

(1) 沼正也・前掲・218頁以下で、つぎのように述べられる。なお、以下の引用のなかで、自因とは、婚姻のように、自らの意思という原因によって婚姻をすることであり、他因とは、婚姻という自因の結果として、たとえば、妻が夫の親と姻族になることを言う。「婚姻関係によって他因的に生じる姻族関係にあっては期待権としての扶養は存在せず、家庭裁判所の創設をまたねば具体的に発生することはないし（低度な期待可能性。八七七条二項参照。・・・。）、自因的な配偶関係発生に伴う他因的・間接的発生なのですから、家庭裁判所が姻族間に扶養義務を負わせる審判をしても、自因的配偶関係が離婚や姻族関係終了の意思表示（七二八条二項）によって消滅すれば、他因的にせっかく家庭裁判所が負わせた姻族間の一方的・具体的扶養義務もプツンと切れて消滅してしまうのです（要保護性補完の無条件性からするならば、なお再考を要する法規整であるとともに、この無条件性がこの法規整を乗り越えて姻族関係消滅後の扶養という判例法が公的扶養法の発展とにらみ合わせて構築せられる可能性を蔵しているといわねばならない・・・。）。」

以下、夫をA、妻をB、夫の親をCとして図解する。

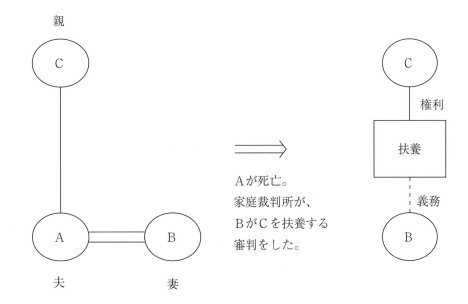

親

C

夫　　　　　妻

$\Longrightarrow$

Aが死亡。
家庭裁判所が、
BがCを扶養する
審判をした。

権利

扶養

義務

B

$\Longrightarrow$

Bが市町村長
に姻族関係
終了届を提出。

沼博士は、Cが経済的弱者のときは、問題が残り、生活保護法などの公的扶養法と
あわせて、Cの無条件な保護を再考する必要があると、述べられる。

第729条

> 離縁による親族関係の終了

> 　養子および、その配偶者ならびに養子の直系卑属および、その配偶者と養親および、その血族との親族関係は、離縁によって終了する。

第730条

> 親族間の扶_{たす}け合いの義務

> 　直系血族および同居の親族は、互いに扶_{たす}け合わなければならない。

(1)

(1)　沼正也・前掲162頁では、つぎのように述べられる。「以上〔民法、第725条から第729条・中山による注〕が関係法としての親族法の総則規定についてですが、それに対応する保護法としての親族法の総則規定が第七三〇条です。」前掲164頁以下では、つぎのように述べられる。「問題は、『直系血族』にありそうです。いかにも孝道の押しつけの要請のようですが、子から親のがわへの一方的なものではなく親から子のがわへのものを込めた相互的関係において規定せられているのですから、孝道の形を変えた温存だとむりに沿革に囚われてきめつけるわけにはいかないでしょう。これは、直系血族間には顕在的・潜在的生活共同の意識したがって相互扶助の本能がこんにちの人たちの間にも抜きがたく存在しているのをそのまま素直に表現しべつに同居に直接関係づけなかったものと理解していいでしょう。こう考えてくると、第七三〇条はりっぱに生産段階機構〔成年者等の強者を生産する段階の機構・中山による注〕たる親族法の保護法的側面の原理をキャッチしえているものと評さないわけにはいきません。個々の親族間の要保護性の補完は第二章以下に規定されていますから、この規定が法的効力をもつことはありえないとふつう学者により説かれていますが、『保護法の理論』の宣言規定として有意義ですし、同時に、無条件原理の側面から各本条に具体的規定がない場合のしわ寄せ規定・白紙条項としてじゅうぶん役に立つ規定（たとえば、準禁治産者〔現在の被保佐人に相当する。中山による注〕に対するその同居の親族・直系血族の事実的監護・・・。）というべきです（ただし、その運用上、自然的属性を受容しての要保護性の補完につき必要にしてじゅうぶんな限度を越え、広範な親族間に封建的な互助義務を負わせるような解釈が許されてはならない。）。」

第2章　婚　　姻（第1節～第4節の関係）

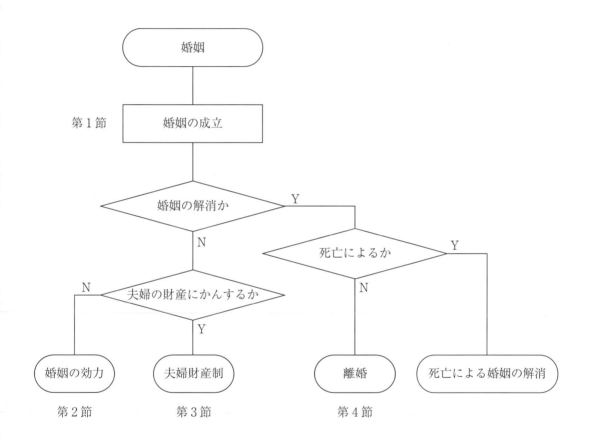

第1節　婚姻の成立

第1款　婚姻の要件（731条〜741条の関係）

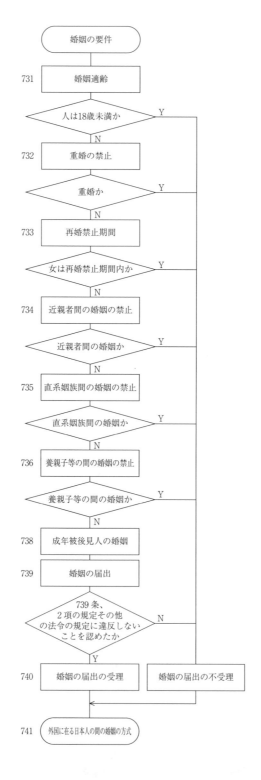

第731条

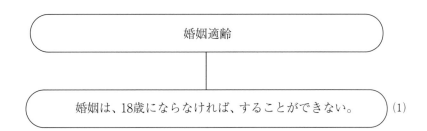

婚姻適齢

婚姻は、18歳にならなければ、することができない。　(1)

(1)　婚姻の意義・性質については、沼正也・民法の世界〔新版〕（沼正也 著作集15）475頁に「婚姻の意義・性質」の表題のもとに、つぎの記述がある。「市民社会法下における婚姻は、一男・一女の両性間においておのおのの性器を恒久的・排他的に相互に独占せしめる要式の契約である。このような意味における婚姻は近代をまって定立せられたものであり、それは所有権が近代的所産であるのと理念的に深い相関関係にある。すなわち、人の物に対するもっとも欲張った意思はおのれだけが完璧に支配し他者には指一本触れさせないというものであり、人間意思のあくなき尊重の市民社会法の大原理が人と物との関係において純粋無雑に完璧な物支配のあり方として近代的所有権を定立せしめたものであることは、つとにして詳述した。これとうらはらをなして、異性の性器の排他的独占支配のあくなき意思尊重が近代的婚姻を規定づけるのであり、両性の本質的平等がこの異性の性器の独占使用を相互的ならしめてこの市民社会法下の婚姻をして一夫一妻制として定立せしめたわけであった。」

第732条

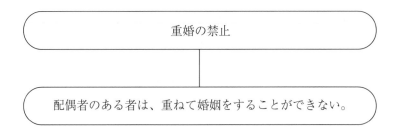

重婚の禁止

配偶者のある者は、重ねて婚姻をすることができない。

第733条

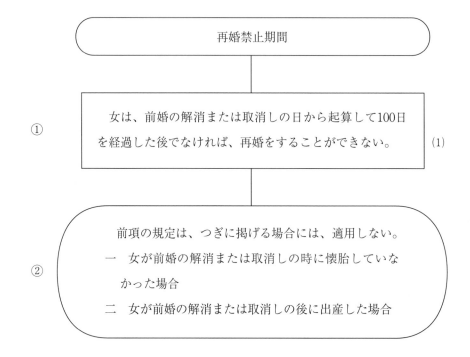

（1）　沼正也・墓場の家族法と揺りかごの財産法〔新版〕（沼正也 著作集16）191頁（1977年）に、つぎ
　の記述がある。「医学の進歩は、懐胎初期にすでにこれを判別できる域に進みつつあり、将来はこの
　再婚禁止期間という制限は撤廃の方向にあるといえます（先進諸国の立法例には、すでにしてこの制
　度がない。日本法の解釈からしても、明らかに前婚の懐胎がありえない場合はもとより、逆に明らか
　に前婚による懐胎がある場合にも、再婚禁止制限のわくをはずすのが近代法の志向に忠実な正しい態
　度であろう。後者の場合には、子の嫡出性の推定についての第七七二条第二項との関連もあるが、論
　理解釈によりこの条項の文理上の難点を克服するのは容易であるはず。）。」
　　法務省ホームページ、民法等の一部を改正する法律案、新旧対照条文によれば、現行民法、第733
　条は削除となっている。同ホームページ、民法（親子法制）等の改正に関する法律、法務省民事局、
　令和4年（2022年）12月によると、嫡出推定の範囲に例外を設ける方策［民法772条関連］の見直し
　に伴い、女性の再婚禁止期間を廃止する、とある。

第734条

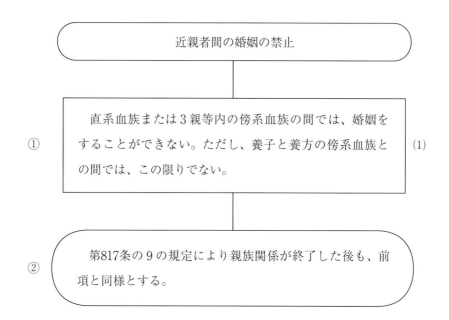

（1）沼正也・前掲190頁以下に、つぎの記述がある。「近い血縁関係にある者同士の性結合からはしばしば肉体的・精神的欠陥児を出生せしめ、これらの者の間の婚姻を禁忌する風習は未開種族の社会にもみられ、人類社会のきわめて早期に確立されたものと考えられています。しかし、その後の発展は優生学的必要度を越えかなり広範囲の血縁関係者にまでそれをおよぼす道徳を派生せしめてこれを法的受容するにいたり、逆転してこんにちでは優生学的必要性をマキシマムとして逐次禁婚のわくをせばめつつある傾向を顕著に諸立法例のなかに読み取ることができます・・・。日本の民法の認める禁婚の範囲はこの傾向の先端をいくにはほど遠く、自然血族である直系血族または三親等内の傍系血族間という優生学的配慮に基づくものを越えて、道徳的配慮に基づき直系血族たる法定血族間にもおよぼさせ・・・、また、直系姻族間（例。もっとも一般的なものは、嫁・しゅうと間。）についても同様となっています・・・。あまつさえ、養親族の場合も直系姻族の場合も・・・、養親族関係の消滅や姻族関係の消滅後（七二八条・七二九条等）もなお禁婚が継続するものとされています。これら優生的必然性に基づくものでない禁婚が婚姻法統制の限縮のマキシマムにおいては撤廃さるべき運命にあることは、右にも述べたとおりです。」

第735条

直系姻族間の婚姻の禁止

　直系姻族の間では、婚姻をすることができない。第728条または第817条の9の規定により姻族関係が終了した後も、同様とする。

第736条

養親子等の間の婚姻の禁止

　養子もしくは、その配偶者または養子の直系卑属もしくは、その配偶者と養親または、その直系尊属との間では、第729条の規定により親族関係が終了した後でも、婚姻をすることができない。

第737条

未成年者の婚姻についての父母の同意

削除

第738条

成年被後見人の婚姻

成年被後見人が婚姻をするには、その成年後見人の同意を要しない。

第739条

婚姻の届出

① 婚姻は、戸籍法の定めるところにより届け出ることによって、その効力を生ずる。

② 前項の届出は、当事者双方および成年の証人二人以上が署名した書面で、または、これらの者から口頭で、しなければならない。

第740条

婚姻の届出の受理

　婚姻の届出は、その婚姻が第731条から第736条まで、および前条、第2項の規定その他の法令の規定に違反しないことを認めた後でなければ、受理することができない。

第741条

外国に在る日本人の間の婚姻の方式

　外国に在る日本人間で婚姻をしようとするときは、その国に駐在する日本の大使、公使または領事に、その届出をすることができる。この場合においては、前二条の規定を準用する。

第2款　婚姻の無効および取消し（742条〜749条の関係）

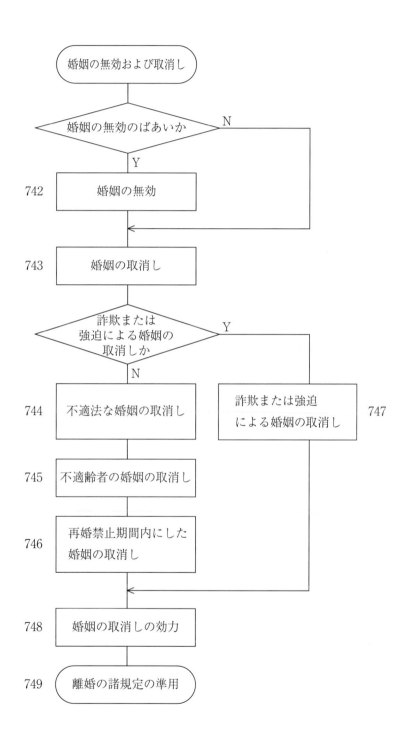

第742条

婚姻の無効

婚姻は、つぎに掲げる場合にかぎり、無効とする。

一　人違い、その他の事由によって、当事者間に婚姻をする意思がないとき。

二　当事者が婚姻の届出をしないとき。ただし、その届出が第739条、第2項に定める方式を欠くだけであるときは、婚姻は、そのために、その効力を妨げられない。

(1)

⑴　「婚姻をする意思」とは何か、について、学説上、主に、実質的意思説と形式的意思説がある。以下、結婚と婚姻を図解する。

結婚……夫婦として社会生活を送ること。＝実質的意思。

婚姻……婚姻届を出して、役所が受理すること（民法739条・740条）。＝形式的意思。

結婚と婚姻

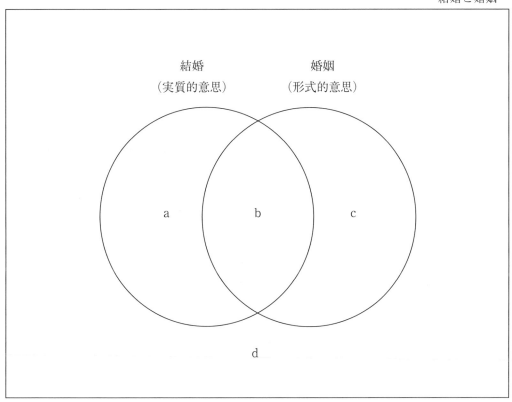

a　内縁(事実婚)　　夫婦として社会生活を送っている。しかし、婚姻届を出していない。※

b　通常の婚姻　　　夫婦として社会生活を送っており、婚姻届を出している。

c　外縁　　　　　　婚姻した当初はbであった。しかし、夫が長い間、家から出て行って、音信不通に

　　　　　　　　　　なっているにもかかわらず、婚姻届は以前のまま、のようなばあい。

　　偽装婚姻　　　　外国人の女性が入国査証（ビザ）の期限が切れそうになったので、見知らぬ日本人

　　　　　　　　　　の男性と、虚偽の婚姻届を出すばあい。

　　臨終婚　　　　　臨終にさいし、婚姻届を出すばあい。

　　獄中婚　　　　　死刑囚との婚姻届を出すばあい。

d　無関係　　　　　二人は、社会生活上、夫婦とは思っておらず、婚姻届を出す意思がない同棲のばあ

　　　　　　　　　　い。

※沼正也・前掲173頁で、つぎのように述べられる。「内縁は、届出婚主義下では、あくまで非婚姻で

　あって準婚ではないのです。」

　婚約については、民法上、規定はなく、学説上、事実説と契約説がある。

〔事実説〕婚約は、事実であって、法律上の意味はない。

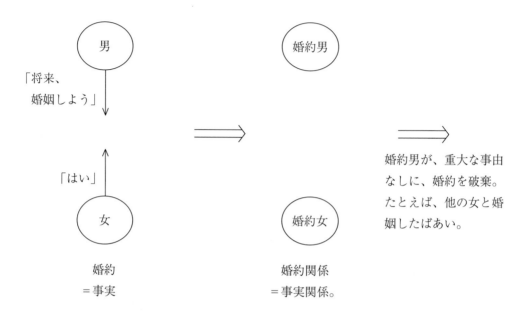

民法724条1号により、
消滅時効の期間は3年。

〔契約説〕婚約は、契約である。

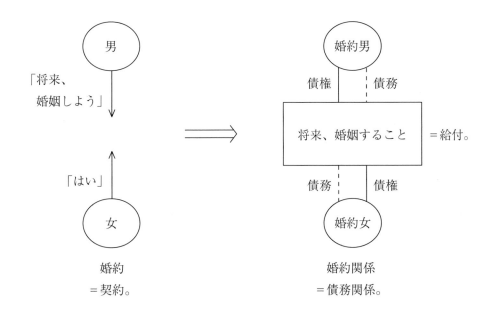

婚約
＝契約。

将来、婚姻すること　＝給付。

婚約関係
＝債務関係。

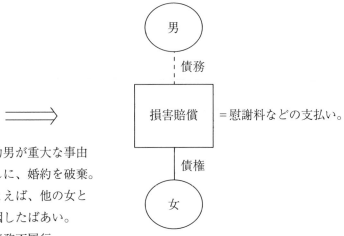

婚約男が重大な事由
なしに、婚約を破棄。
たとえば、他の女と
婚姻したばあい。
＝債務不履行。

損害賠償　＝慰謝料などの支払い。

民法166条1項1号により、債権の
消滅時効の期間は、5年または10年。

第743条

婚姻の取消し

婚姻は、次条から第747条までの規定によらなければ、取り消すことができない。

第744条

不適法な婚姻の取消し

① 第731条から第736条までの規定に違反した婚姻は、各当事者、その親族または検察官から、その取消しを、家庭裁判所に請求することができる。ただし、検察官は、当事者の一方が死亡した後は、これを請求することができない。

② 第732条または第733条の規定に違反した婚姻については、当事者の配偶者または前配偶者も、その取消しを請求することができる。

第745条

不適齢者の婚姻の取消し

① 第731条の規定に違反した婚姻は、不適齢者が適齢に達したときは、その取消しを請求することができない。

② 不適齢者は、適齢に達した後、なお３箇月間は、その婚姻の取消しを請求することができる。ただし、適齢に達した後に追認をしたときは、この限りでない。

第746条

再婚禁止期間内にした婚姻の取消し

第733条の規定に違反した婚姻は、前婚の解消もしくは取消しの日から起算して100日を経過し、または女が再婚後に出産したときは、その取消しを請求することができない。(1)

(1) 法務省ホームページ、民法等の一部を改正する法律案、新旧対照条文によれば、746条は改正案として削除となっている。

第747条

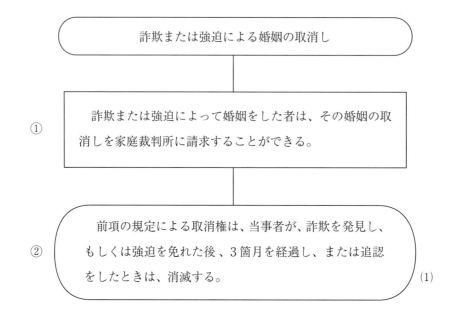

詐欺または強迫による婚姻の取消し

①　詐欺または強迫によって婚姻をした者は、その婚姻の取消しを家庭裁判所に請求することができる。

②　前項の規定による取消権は、当事者が、詐欺を発見し、もしくは強迫を免れた後、3箇月を経過し、または追認をしたときは、消滅する。　　　　　　　　　　　　(1)

(1)　婚姻の取消しを、財産法上の売買契約の取消しと比較して図解する。

財産法

〔売買の効力〕

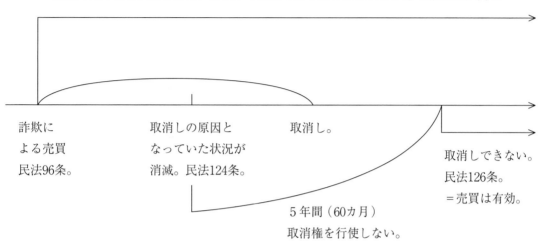

無効「取り消された行為は、初めから無効であったものとみなす。」民法121条本文。

詐欺に
よる売買
民法96条。

取消しの原因と
なっていた状況が
消滅。民法124条。

取消し。

取消しできない。
民法126条。
＝売買は有効。

5年間（60カ月）
取消権を行使しない。

親族法

〔婚姻の効力〕

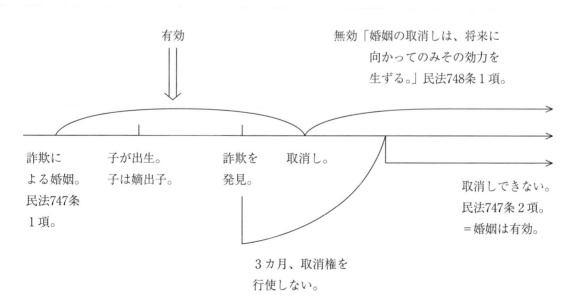

有効

無効「婚姻の取消しは、将来に
　　向かってのみその効力を
　　生ずる。」民法748条1項。

詐欺に
よる婚姻。
民法747条
1項。

子が出生。
子は嫡出子。

詐欺を
発見。

取消し。

取消しできない。
民法747条2項。
＝婚姻は有効。

3カ月、取消権を
行使しない。

第748条

婚姻の取消しの効力

① 婚姻の取消しは、将来に向かってのみ、その効力を生ずる。

② 婚姻の時において、その取消しの原因があることを知らなかった当事者が、婚姻によって財産を得たときは、現に利益を受けている限度において、その返還をしなければならない。

③ 婚姻の時において、その取消しの原因があることを知っていた当事者は、婚姻によって得た利益の全部を返還しなければならない。この場合において、相手方が善意であったときは、これに対して損害を賠償する責任を負う。

第749条

離婚の諸規定の準用

　第728条、第１項（離婚による姻族関係の終了）、第766条から第769条まで（協議上の離婚の効果）、第790条、第１項ただし書き（子の氏）ならびに第819条、第２項、第３項、第５項および第６項（離婚のさいの親権者の決定）の規定は、婚姻の取消しについて準用する。

第2節　婚姻の効力（750条〜754条の関係）

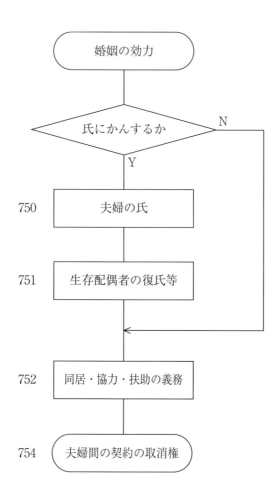

第750条

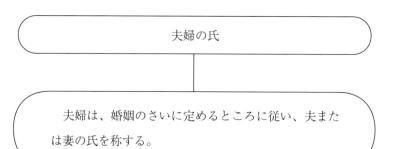

夫婦の氏

夫婦は、婚姻のさいに定めるところに従い、夫または妻の氏を称する。

第751条

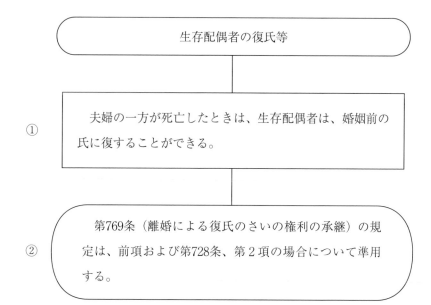

生存配偶者の復氏等

① 夫婦の一方が死亡したときは、生存配偶者は、婚姻前の氏に復することができる。

② 第769条（離婚による復氏のさいの権利の承継）の規定は、前項および第728条、第2項の場合について準用する。

第752条

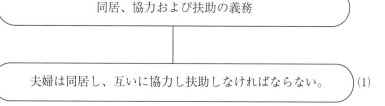

同居、協力および扶助の義務

夫婦は同居し、互いに協力し扶助しなければならない。　(1)

(1)　財産法上の契約ここでは売買と、親族法上の契約ここでは婚姻とを図解する。

〔財産法〕

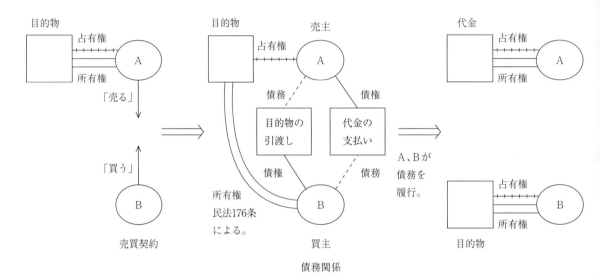

債権は、5年または10年で消滅時効
に、かかる。民法166条1項。

〔親族法〕

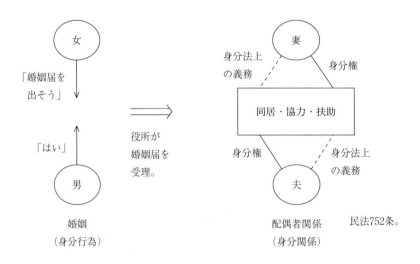

身分＝親族法上の特定の地位。　　　身分権は、消滅時効に、かからない。
(例)夫・妻、親・子。

第753条

婚姻による成年擬制

削除

第754条

夫婦間の契約の取消権

夫婦間でした契約は、婚姻中、いつでも、夫婦の一方から、これを取り消すことができる。ただし、第三者の権利を害することはできない。　(1)

(1)　沼正也・前掲211頁以下に、つぎの記述がある。「ここの『取消』は詐欺・強迫等定められた取消原因のある場合の取消ではなく撤回の意で、履行後においてもなお撤回が許されるのです。ボーナスが入ったら指輪を買って上げると夫から喜ばされても、夫の気まぐれであの約束は止めだといわれればそれきりになるばかりでなく、買ってもらったのちでも取り返されてしまうのです。その買ってもらった指輪をだれかに与えてしまったような場合が、その但書に当たるわけです。なぜに、こんな規定がおかれているのでしょうか。この規定は旧法から踏襲されて新法に残されたのですが、旧法（その第七九二条）の立法理由書で見ると、『夫婦ノ間ニ於テハ他人間ニ於ケルト異ナル関係アリテ契約ヲ為スニ当リテモ或ハ妻ハ夫ニ威圧セラレテ十分ノ意思ヲ述フルヲ得サル｢アリ或ハ夫ハ妻ノ愛ニ溺レテ不知ノ間ニ意思ノ自由ヲ奪ハルル等ノアルヲ以テ夫婦間ニ為シタル契約ハ婚姻中何時ニテモ之ヲ取消スヲ得ヘキモノトシタリ』というのです。夫婦が、自然的属性を捨象した人間として捉えられていません。どうかすると『自由意志』を失いがちな人間として、捉えられているのです。（中略）

　ところで、夫に威圧されたり妻の愛に溺れて不知の間に意思の自由を奪われるなどという右の理由書の心配は、こんにちでは、夫婦間になお一般的に現象しているものとはいえなくなったようです。そのようなことも、偶発はするでしょう。その場合は、個々に、詐欺・強迫や錯誤や意思能力の民法の一般理論で解決できるはずです。そこで、この規定は先進国ではすでに廃止されてしまっているのです。では、これに代えてどんな規定がおかれているのでしょうか。親族法のなかから、この規定を削除するだけでいいのです。これに代わる規定などはいらないのです。規定がなければ、夫婦間の契約も一般の人と人との間の契約と同じになるからです・・・。」

第3節　夫婦財産制

第1款　総則（755条〜759条の関係）

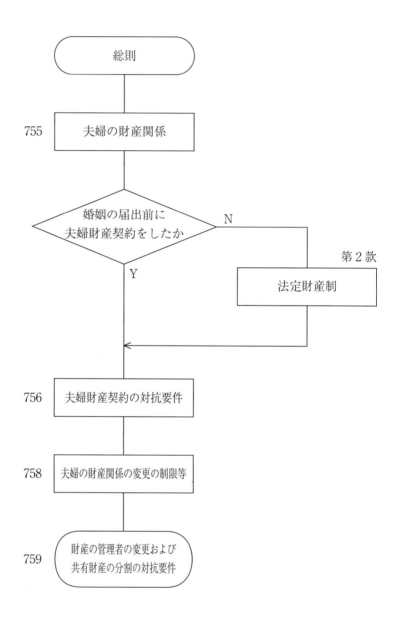

第755条

夫婦の財産関係

　夫婦が、婚姻の届出前に、その財産について別段の契約をしなかったときは、その財産関係は、次款に定めるところによる。

(1)

(1)　沼正也・前掲184頁に、以下の記述がある。「配偶関係に入ることにより、人間の独立・平等・自由性が失われるのはたしかですが、それは局面的にであって全面的にではなく、その残された部面は、対第三者間はもとより夫婦間にあっても夫婦たがいに原始的個人として財産法の規定の適用下にあり、家族法中に規定づけられたものであってもそれは注意規定という本質をもつ財産法〔傍点・沼〕的規定にすぎません。これが、夫婦の財産法〔傍点・沼〕的効力です（夫婦の財産的効力などと、ふつう学者の説くところとは異質。)。」

第756条

夫婦財産契約の対抗要件

　夫婦が法定財産制と異なる契約をしたときは、婚姻の届出までに、その登記をしなければ、これを夫婦の承継人および第三者に対抗することができない。

第757条

外国人の夫婦財産契約の対抗要件

削除

第758条

夫婦の財産関係の変更の制限等

① 夫婦の財産関係は、婚姻の届出後は、変更することができない。

② 夫婦の一方が、他の一方の財産を管理する場合において、管理が失当であったことによって、その財産を危うくしたときは、他の一方は、自ら、その管理をすることを家庭裁判所に請求することができる。

③ 共有財産については、前項の請求とともに、その分割を請求することができる。

第759条

財産の管理者の変更および共有財産の分割の対抗要件

　前条の規定または第755条の契約の結果により、財産の管理者を変更し、または共有財産の分割をしたときは、その登記をしなければ、これを夫婦の承継人および第三者に対抗することができない。

第2款　法定財産制（760条～762条の関係）

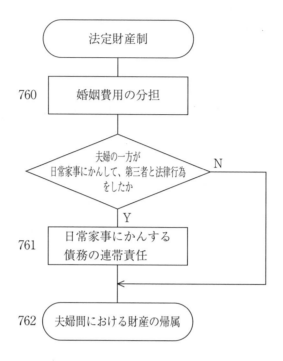

第760条

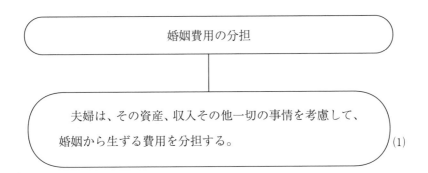

（1）　沼正也・前掲230頁では、つぎのように述べられる。「第七五二条の『協力』義務を『同居』義務と合体せしめ、『同居協力』義務が第七六〇条の婚姻費用の分担という経済的義務の基礎をなすものと解せられるべきです。」

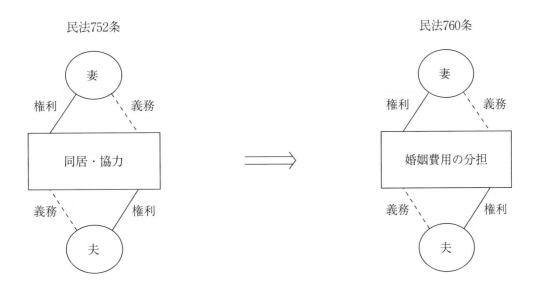

第761条

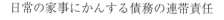

日常の家事にかんする債務の連帯責任

　　夫婦の一方が，日常の家事にかんして，第三者と法律行為
をしたときは，他の一方は，これによって生じた債務につい
て，連帯して，その責任を負う。ただし，第三者にたいし責
任を負わない旨を予告したばあいは，この限りでない。

(1)
(2)

(1)　妻Bが、電器店Aからテレビを買ったばあい。民法762条2項により、購入したテレビは夫婦の共有と推定される。

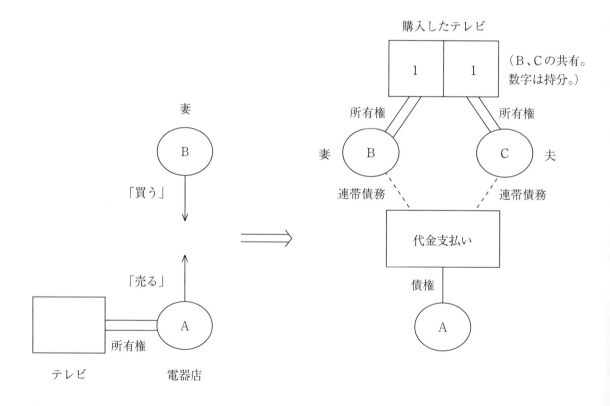

(2)　本条ただし書を図解する。

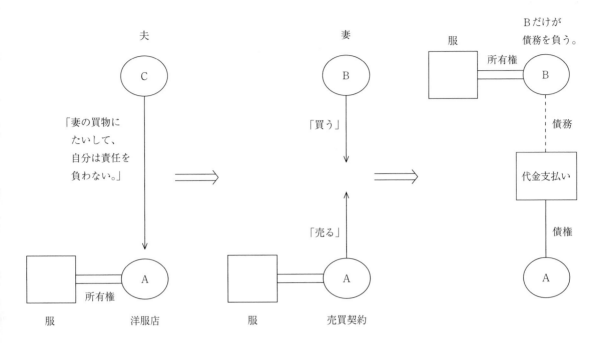

　　沼正也・前掲231頁に、つぎの記述がある。「『第三者に対し責に任じない……予告』も、第三者意思との比較較量からして、個別的になされなければならず、不特定的にたとえば勝手口に「妻の買物に対して、じぶんはいっさいその責に任じません。夫なに某。」などの貼札を出しても、免責されないものと一般に解せられています・・・。」

民法762条

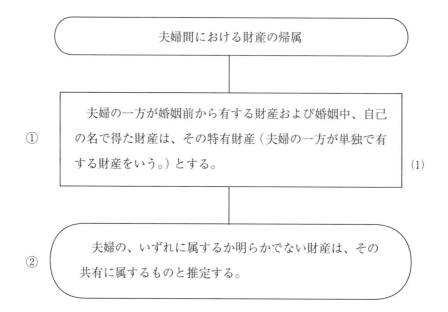

（1）　沼正也・前掲229頁以下に、おおよそ、つぎの記述がある。妻が家庭を護るがわに立つとき、妻の
　　家事労働は、「婚姻から生ずる費用」（民法760条）について、妻の支出すべき労働の形による出資で
　　ある。夫は、これにたいし、金銭出資をする。夫のがわに剰余金が残れば、妻は夫にたいし内助の功
　　におうじた債権を有する。この債権は、婚姻中でも、弁済の請求が許され、離婚や婚姻の取消しのと
　　きは、財産分与に変じ、死亡による婚姻解消のときは、配偶相続の法定相続分中に包含される。以下、
　　夫がサラリーマンで、妻が専業主婦のばあいを図解する。

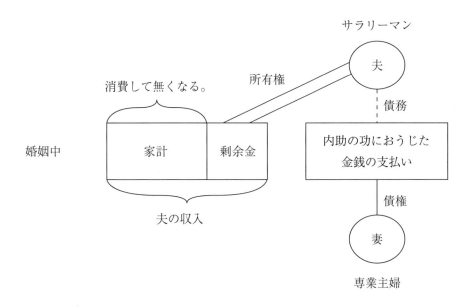

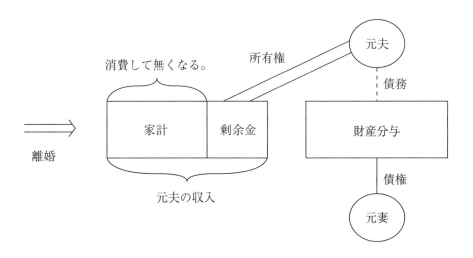

第4節　離婚

離婚の流れ図

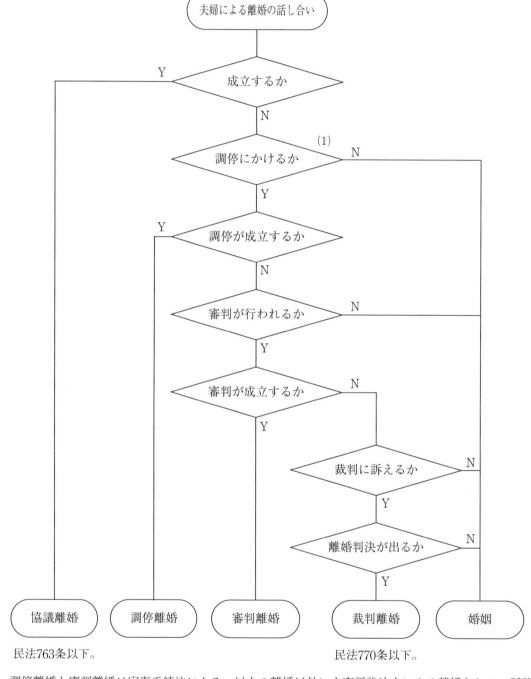

民法763条以下。　　　　　　　　　　　　　民法770条以下。

(1)　調停離婚と審判離婚は家事手続法による。以上の離婚以外に人事訴訟法上による離婚として、訴訟
　　上の和解による離婚、請求の認諾による離婚がある。二宮周平・家族法・第5版76頁以下を参照した。

第 1 款　協議上の離婚（763条〜769条の関係）

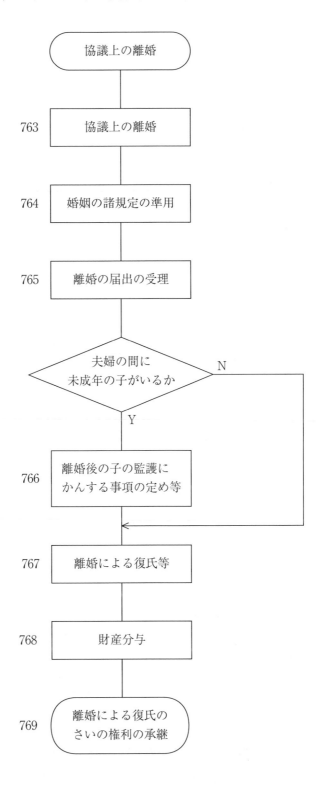

第763条

協議上の離婚

夫婦は、その協議で、離婚をすることができる。

第764条

婚姻の諸規定の準用

第738条（成年被後見人の婚姻）、第739条（婚姻の届出）
および第747条（詐欺または強迫による婚姻の取消し）の
規定は、協議上の離婚について準用する。

第765条

離婚の届出の受理

① 離婚の届出は、その離婚が前条において準用する第739
条、第2項の規定および第819条、第1項の規定その他の
法令の規定に違反しないことを認めた後でなければ、受理
することができない。

② 離婚の届出が、前項の規定に違反して受理されたときで
あっても、離婚は、そのために、その効力を妨げられない。

第766条

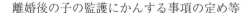

離婚後の子の監護にかんする事項の定め等

① 　父母が協議上の離婚をするときは、子の監護をすべき者、父または母と子との面会および、その他の交流、子の監護に要する費用の分担その他の子の監護について必要な事項は、その協議で定める。この場合においては、子の利益を最も優先して考慮しなければならない。　　(1)

② 　前項の協議が調わないとき、または協議をすることができないときは、家庭裁判所が、同項の事項を定める。

③ 　家庭裁判所は、必要があると認めるときは、前二項の規定による定めを変更し、その他、子の監護について相当な処分を命ずることができる。

④ 　前三項の規定によっては、監護の範囲外では、父母の権利義務に変更を生じない。

(1) 二宮周平・家族法［第5版］127頁で、面会交流について、つぎのように述べられる。「面会交流
とは、親権者・監護者でないため、子を現実に監護教育できない親（別居親）と子が会ったり、手紙
や電話などで交流することをいう。」そして、前掲127頁以下で、面会交流の権利の法的性質について、
「子の権利」という表題のもとで、つぎのように述べられる。「・・・、今日では、面会交流は、子育
てにかかわる親の権利および義務であると同時に、親の養育を受ける子の権利でもあること、そして
両者の利益が対立する場合には、子の利益を第一に考えることについて異論はない・・・。」さらに、
前掲128頁で、「親の義務」という表題のもとで、別居親と同居親との対立にかんして、つぎのように
述べられる。「・・・、面会交流を親の義務の視点から捉えることが重要である。基本的には面会交
流は子の権利であり、この権利に対応して、別居親には子と交流する義務があり、同居親には子と別
居親との交流を保障する義務がある。」二宮・前掲126頁以下の例をもとに、以下図解する。

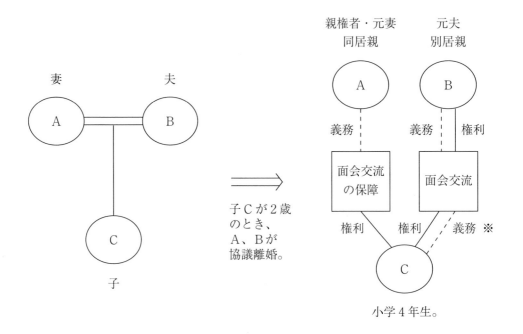

※ BがCに面会交流する権利を請求したときに、Cは面会交流におうじる義務がある。とはいえ、子
Cの意思に一歩近づけて、Cが、どうしてもBに会いたくないという意思をもつならば、Cの意思を
尊重して、CはBに会わないことが認められるだろう。以上は、沼正也博士の説かれる、親族法の運
用原理である次善性の原則といえるだろう。

第767条

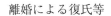

離婚による復氏等

① 　婚姻によって氏を改めた夫または妻は、協議上の離婚によって婚姻前の氏に復する。

② 　前項の規定により婚姻前の氏に復した夫または妻は、離婚の日から３箇月以内に、戸籍法の定めるところにより届け出ることによって、離婚のさいに称していた氏を称することができる。

第768条

財産分与

① 　協議上の離婚をした者の一方は、相手方にたいして財産の分与を請求することができる。

② 　前項の規定による財産の分与について、当事者間に協議が調わないとき、または協議をすることができないときは、当事者は、家庭裁判所にたいして協議に代わる処分を請求することができる。ただし、離婚の時から 2 年を経過したときは、この限りでない。

③ 　前項の場合には、家庭裁判所は、当事者双方が、その協力によって得た財産の額その他一切の事情を考慮して、分与をさせるべきかどうか、ならびに分与の額および方法を定める。

第769条

```
        ┌─────────────────────────────────────────┐
        │      離婚による復氏のさいの権利の承継         │
        └─────────────────────────────────────────┘
                          │
        ┌─────────────────────────────────────────┐
        │   婚姻によって氏を改めた夫または妻が、第897条、第1  │
   ①   │  項の権利を承継した後、協議上の離婚をしたときは、当事  │
        │  者その他の関係人の協議で、その権利を承継すべき者を定  │
        │  めなければならない。                         │
        └─────────────────────────────────────────┘
                          │
        ┌─────────────────────────────────────────┐
        │   前項の協議が調わないとき、または協議をすることが   │
   ②   │  できないときは、同項の権利を承継すべき者は、家庭裁    │
        │  判所が、これを定める。                    (1)  │
        └─────────────────────────────────────────┘
```

(1)　沼正也・前掲232頁以下で、「夫婦法における夾雑規定」の表題のもとに、つぎのように述べられる。「民法したがって親族法という私法の実体法のなかには、その本質において公法や手続法に属する雑多な法規整が立法上の便宜にしたがって合わせ規定せられており、また、財産法の原理が注意規定的に親族法中に入り込んでいること・・・およびそれらの規定をほんらいの親族法の規定から明確に区別する要のあることはすでに一言したところですが・・・、これら夾雑規定のうち、親族法の体系づけから排除して別個に構成しなければならないのは、市民法の原理と対決する封建原理に基づく遺制です。右に述べた公法・手続法などの混入は同じ市民社会法内部での夾雑ですから市民社会法の体系という高次元では異物ではありませんが、封建原理に基づくものは市民社会法の体系外にあるものなるがゆえに、市民社会法体系のなかに正当の座を与えることができないという法論理学的必然にあるのです。この異物を的確に発見し、縮小解釈に努めながらついには民法 —— 親族法から抹殺しなければならないのです。」さらに、233頁では、民法769条の他に、749条、751条2項、771条、808条2項、817条の6カ所も封建原理にもとづく遺制が民法のなかにあるとされ、つぎのように述べられる。「この種のことはいっさい当事者の話し合いに委ね民法がこんな繁雑な規定をおいてまで取り上げるべきかぎりのものではなく、すべて削除さるべき規定をなしており、その運用面において拡張解釈や拡張的判例法の形成がなされることはげんとしていましめられねばなりません・・・。」

第2款　裁判上の離婚

第770条

```
┌─────────────────────────────────────┐
│            裁判上の離婚              │
└─────────────────────────────────────┘
```

①
```
┌───────────────────────────────────────┐
│　　夫婦の一方は、つぎに掲げる場合にかぎり、離婚の訴え │
│　を提起することができる。              │
│　一　配偶者に不貞な行為があったとき。        │
│　二　配偶者から悪意で遺棄されたとき。        │
│　三　配偶者の生死が3年以上明らかでないとき。    │
│　四　配偶者が強度の精神病にかかり、回復の見込みがない │
│　　　とき。                    │
│　五　その他、婚姻を継続し難い重大な事由があるとき。  │
└───────────────────────────────────────┘
```
(1)

②
```
┌───────────────────────────────────────┐
│　　裁判所は、前項、第一号から第四号までに掲げる事由 │
│　がある場合であっても、一切の事情を考慮して、婚姻の │
│　継続を相当と認めるときは、離婚の請求を棄却すること │
│　ができる。                    │
└───────────────────────────────────────┘
```
(2)

(1)　民法770条1項の1号から4号を説明する。以下の説明は、沼正也・前掲202頁以下を参照した。

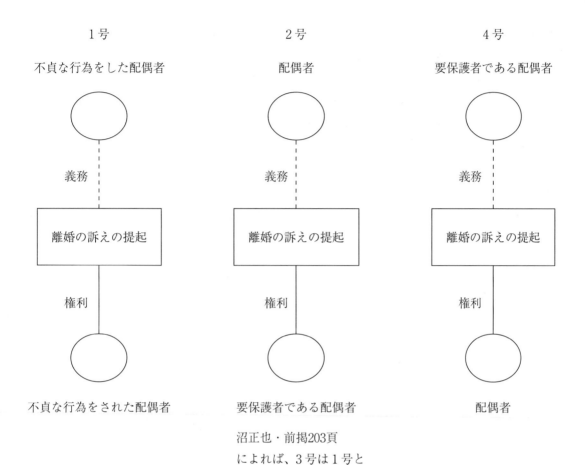

沼正也・前掲203頁によれば、3号は1号と2号の二つの要請が合体して発展したものといえる。

民法770条1項1号は、貞操義務を破られた者のがわからする離婚原因である。

民法770条1項2号は、要保護者のがわからする離婚原因である。

以上は、破綻主義を採用している。

破綻「ものごとが、破れほころびるようにうまくいかなくなること。」（岩波国語辞典・第5版）

民法770条1項4号は、要保護者のがわにたいしてする離婚原因である。破綻があっても、破綻からの無条件において、保護付与が強要されるものなのであり、ただ、あまりに極度の要保護性の補完を私人に負わせることから解放し、公的手段に移行させなければならないという、破綻主義とは異次元の次善性の原則からする要請である。

4号の図解。

次善性の原則・・・次善は、最善に一歩、近づけて運用されなければならない、という親族法の運用原理。

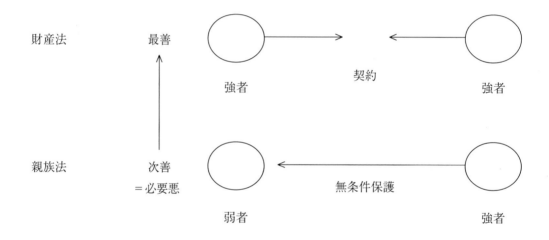

⑵　沼正也・民法の世界〔新版〕（沼正也・著作集15）483頁に、つぎの記述がある。「なお、同条第二項は（中略）と規定しているが、これはたとえば右の強度・回復しがたい精神病に当たる場合であっても離婚後におけるこの精神病者保護の公・私の受入態勢が整っていないような場合に発動すべき条項をなしている（この意味において、保護の無条件性の原理がなおこの段階にいたっても妥当せしめられている。）。」

第771条

協議上の離婚の諸規定の準用

第766条から第769条まで（協議上の離婚の効果）の規定は、裁判上の離婚について準用する。

第3章　親　　子 (1)(2)

(1)　沼正也・民法の世界＝（沼正也・著作集15）［新版］500頁で、つぎのように述べられる。「市民社会法は、建てまえとして保護を媒介せしめずには自然的属性を法的受容することができないのであるから、親子等の血族関係を法的受容するについても無条件な保護を強制的に分配せんという意図に出るものである。そのような無条件な保護付与を分配するにはこの親子関係の発生・消滅についても厳格主義がとられなければならない理となることは、配偶関係におけるそれと同様である。この厳格主義が生物学的親子関係をもって法的親子関係とし（『自然血縁尊重の原則』）、親子の名乗りを上げているかどうかというようなあいまいな基準によることを排しているゆえんなのである。」

(2)　沼正也・墓場の家族法と揺りかごの財産法（沼正也・著作集16）［新版］235頁で、以下のように述べられる。「ところで、親子法にあっては、夫婦法におけると異なり、関係法には登場しても保護法には登場できない人物があるのです。成年同士の親子が、それです。成年同士の親子間の要保護性の補完は一般親族間のそれと本質を等しくするので保護法としての親子法にその席を与えることができず、保護法としての狭義の親族法中に送り込まれてしまっているからです・・・。」以上の記述を図解する。

［成年の親子］
　　成年同士の親子は、関係法上には登場しても、保護法としての狭義の親族法（夫婦・親子を除いた親族の法）のなかへ送り込まれてしまっている。

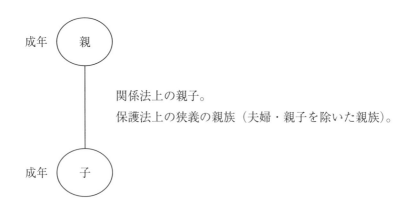

成年　親

関係法上の親子。
保護法上の狭義の親族（夫婦・親子を除いた親族）。

成年　子

第1節　実子（772条〜791条の関係）

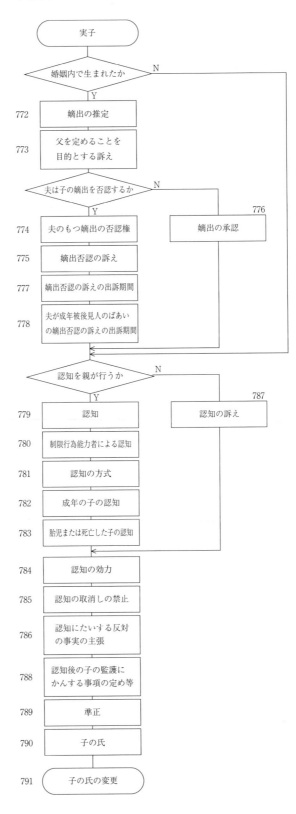

第772条

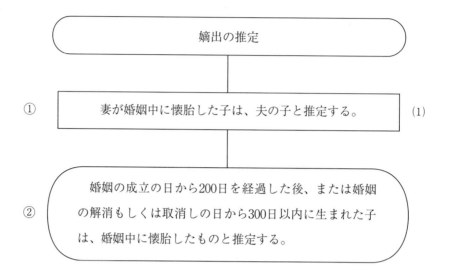

(1)　父には、生物学上の父と、戸籍上の父があり、次元（物事を考える立場。着目している面。岩波国
　　語辞典・第5版より）を異にする。したがって、以下のように図解する。

生物学上の父と戸籍上の父

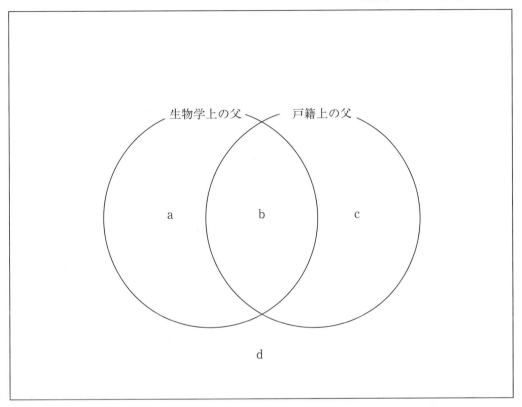

(例)

a　生物学上の父　　かつ　戸籍上の非父　　認知を避ける男
b　生物学上の父　　かつ　戸籍上の父　　　通常の父
c　生物学上の非父　かつ　戸籍上の父　　　戸籍上の父 ※
d　生物学上の非父　かつ　戸籍上の非父　　父でない男

※　筆者は、以前、テレビのニュース番組で、つぎのような例を見た。ある父が子を自分の息子と思って育ててきた。ところが、科学的検査の結果、その息子は、生物学上の子ではなかった。父は、以下のようなことを言っていた。「息子を自分の子(b)として育ててきて、いまさら、本当は自分の子でない(c)と言われても、もう子(c)に情が移っている。これからも、自分の子(b)のつもりで子(c)に接していきたい。」

第773条

```
┌─────────────────────────────────────────────┐
│         父を定めることを目的とする訴え          │
└─────────────────────────────────────────────┘
                    │
┌─────────────────────────────────────────────┐
│    第733条、第1項の規定に違反して再婚をした女が出産  │
│  した場合において、前条の規定により、その子の父を定め  │
│  ることができないときは、裁判所が、これを定める。     │
└─────────────────────────────────────────────┘
```

第774条

```
┌─────────────────────────────────────────────┐
│              夫のもつ嫡出の否認権               │
└─────────────────────────────────────────────┘
                    │
┌─────────────────────────────────────────────┐
│    第772条の場合において、夫は、子が嫡出であることを   │
│  否認することができる。                         │  (1)
└─────────────────────────────────────────────┘
```

(1)　法務省ホームページ、民法（親子法制）等の改正に関する法律、法務省民事局、令和4年12月によれば、現行法では「子・母は推定を否認することができない。＝無戸籍者問題の一因との指摘」があることから、否認権者の拡大として、「夫に加え、子又は母は、嫡出否認の訴えを提起することができる。〔民法774条、1項、3項等関係〕」さらに「（再婚後の夫の子と推定される子に関し、）前夫は、嫡出否認の訴えを提起することができる。〔民法774条4項等関係〕」とある。

第775条

嫡出否認の訴え

　前条の規定による否認権は、子または親権を行う母にたいする嫡出否認の訴えによって行う。親権を行う母がないときは、家庭裁判所は、特別代理人を選任しなければならない。

第776条

嫡出の承認

　夫は、子の出生後において、その嫡出であることを承認したときは、その否認権を失う。

第777条

嫡出否認の訴えの出訴期間

　嫡出否認の訴えは、夫が子の出生を知った時から1年以内に提起しなければならない。　　　　　　　　(1)

(1)　法務省ホームページ、前掲によれば、出訴期間の伸長として、「嫡出否認の訴えの出訴期間を、原則として3年間に伸長する。〔民法777条等関係〕」とある。したがって、夫、前夫は、子の出生を知った時から3年間、子または母は、子の出生の時から3年間、嫡出否認の訴えを家庭裁判所に申立てることができる。

第778条

```
┌─────────────────────────────────────────┐
│ 嫡出否認の訴えの出訴期間－夫が成年被後見人のばあい │
└─────────────────────────────────────────┘
                      │
┌─────────────────────────────────────────┐
│ 　夫が成年被後見人であるときは、前条の期間は、後見開 │
│ 始の審判の取消しがあった後、夫が子の出生を知った時か │
│ ら起算する。 │
└─────────────────────────────────────────┘
```

第779条

```
┌─────────────────────────────────────────┐
│ 　　　　　　　　　　　　認知 │
└─────────────────────────────────────────┘
                      │
┌─────────────────────────────────────────┐
│ 　嫡出でない子は、その父または母が、これを認知する │
│ ことができる。 │
└─────────────────────────────────────────┘  (1)
```

(1)　沼正也・前掲248頁に、つぎの記述がある。「任意認知は、婚外子に対し生理上の父のみがなしえられると解せられます（前述。婚外子に対する生理上の母は、同時に法律上の母である。第七七九条以下の諸条文に『又は母』とあるのは、現段階では空文というべきである。そう解しても、関係法の厳格主義に反しない。自然血縁尊重の原則は、厳格主義の極致なるがゆえに。）。」

第780条

```
┌─────────────────────────────────────────┐
│ 　　　　　　　　　制限行為能力者による認知 │
└─────────────────────────────────────────┘
                      │
┌─────────────────────────────────────────┐
│ 　認知をするには、父または母が未成年者または成年被後 │
│ 見人であるときであっても、その法定代理人の同意を要し │
│ ない。 │
└─────────────────────────────────────────┘
```

第781条

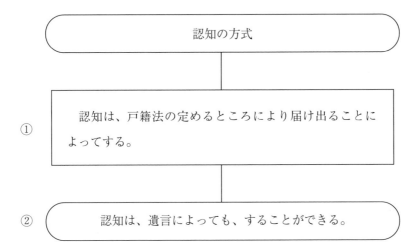

認知の方式

① 　認知は、戸籍法の定めるところにより届け出ることによってする。

② 　認知は、遺言によっても、することができる。

第782条

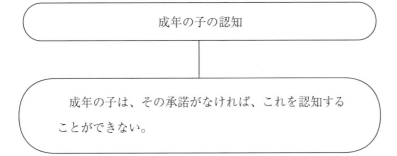

成年の子の認知

　成年の子は、その承諾がなければ、これを認知することができない。

第783条

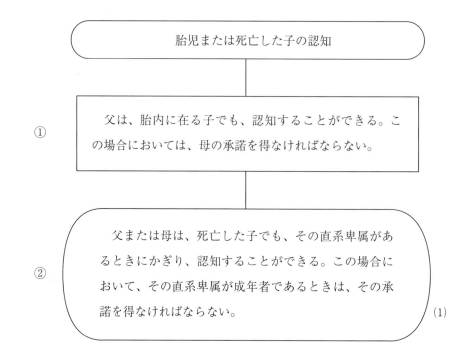

　胎児または死亡した子の認知

① 　父は、胎内に在る子でも、認知することができる。この場合においては、母の承諾を得なければならない。

② 　父または母は、死亡した子でも、その直系卑属があるときにかぎり、認知することができる。この場合において、その直系卑属が成年者であるときは、その承諾を得なければならない。　(1)

(1)　沼正也・民法の世界［新版］507頁で、民法782条を含めて、つぎの記述がある。「父が子を認知するについてその子がすでに成年に到達しているときには、その承諾がなければこれを認知することができないものとされ、また、父は胎内に在る子でもこれを認知することができるとしつつ、この場合にはこの子を懐胎している母の承諾をえなければならないとされていて、さらには、父は死亡した子でもその直系卑属があるときにかぎりこれを認知することができるものとしつつ、この場合においてその直系卑属が成年者であるときはその承諾がなければならないとされている（七八二条・七八三条。死亡した子でもその直系卑属があるときはその死亡した子を認知できるという立法趣旨は、前記のように、自因性の原則からして直截的に孫の認知という方法がとれないからのことである。）。」

第784条

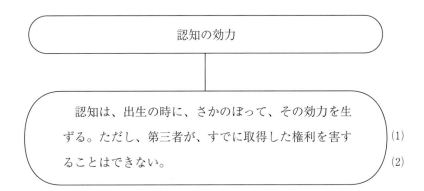

認知の効力

認知は、出生の時に、さかのぼって、その効力を生
ずる。ただし、第三者が、すでに取得した権利を害す
ることはできない。　　　　　　　　　　　　　　　　(1)
　　　　　　　　　　　　　　　　　　　　　　　　(2)

(1)　高梨公之・監修・口語民法・新補訂２版を参照した。子が６歳のときに父に認知されたばあい、子
　　の生まれた時から、すでに父子関係はあったものとする。母は、子が６歳までの養育費の分担を、認
　　知した父に請求することができる。

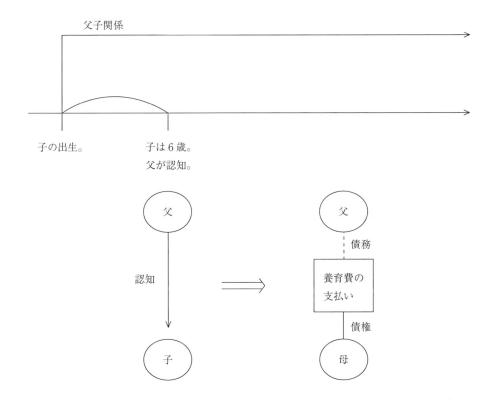

(2)　高梨・前掲を参照した。子をA、Aの未成年後見人をB、第三者をC、Aを認知した者（Aの父）をDとする。第三者Cが、子Aを法定代理する未成年後見人Bから、A所有の建物を買ったばあい。DがAを認知し、Aには、初めから親（D）があり親権者（D）があるようになっても、法定代理の権限がなくなったかに見える未成年後見人Bから買い取った建物の所有権はCが取得する。

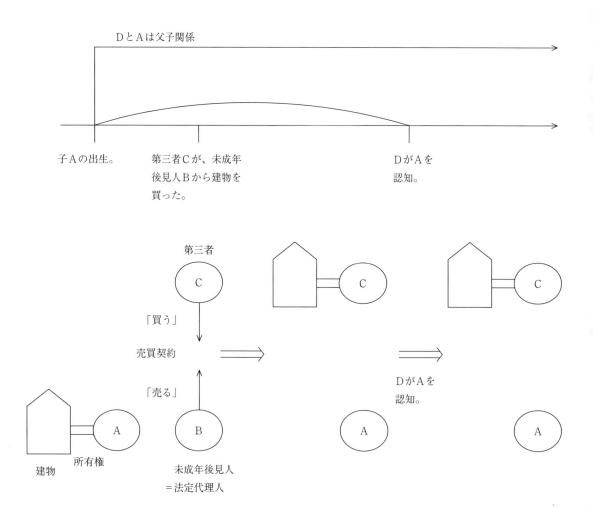

第785条

認知の取消しの禁止

認知をした父または母は、その認知を取り消すこと
ができない。

第786条

認知にたいする反対の事実の主張

子その他の利害関係人は、認知にたいして反対の事
実を主張することができる。　(1)

(1)　法務省ホームページ、前掲によれば、現行法は、「嫡出子に比べて、嫡出でない子の地位が著し
　　く不安定であるとの指摘」から、改正法では、認知の無効の訴えの提訴権者を、子、認知をした者
　　（父）および母に限定し、さらに、認知の無効の訴えの出訴期間を、所定の時期から原則として 7 年
　　間とした。また、子は、一定の要件を充たす場合には、例外的に、21歳に達するまで認知の無効の訴
　　えを提起することができる、とされた。

第787条

認知の訴え

子、その直系卑属または、これらの者の法定代理人は、
認知の訴えを提起することができる。ただし、父または母
の死亡の日から 3 年を経過したときは、この限りでない。

第788条

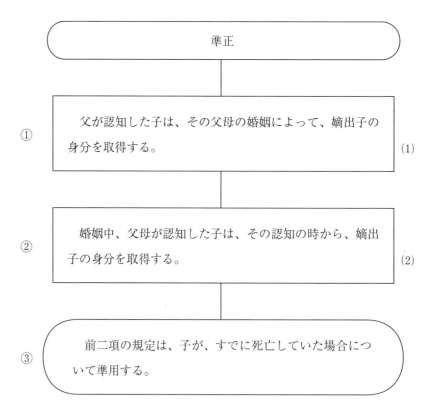

認知後の子の監護にかんする事項の定め等

　第766条（離婚後の子の監護にかんする事項の定め等）の規定は、父が認知する場合について準用する。

第789条

準正

① 　父が認知した子は、その父母の婚姻によって、嫡出子の身分を取得する。　(1)

② 　婚姻中、父母が認知した子は、その認知の時から、嫡出子の身分を取得する。　(2)

③ 　前二項の規定は、子が、すでに死亡していた場合について準用する。

(1)　以下、(2)をふくめて、「子の認知」と「父母の婚姻」を図解する。

子の認知と父母の婚姻

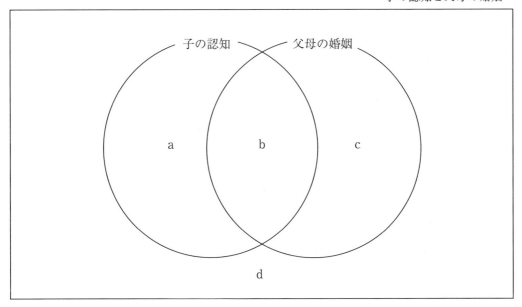

民法789条１項　婚姻準正

　　a　→　b

民法789条２項　認知準正

　　c　→　b

a　子は非嫡出子

b　子は嫡出子

c　子でない

d　子でない

〔婚姻準正〕第789条1項

上の図では、a　→　b

下の図で、子が6歳のときに、認知され、子が8歳のときに、父母が婚姻したばあい。

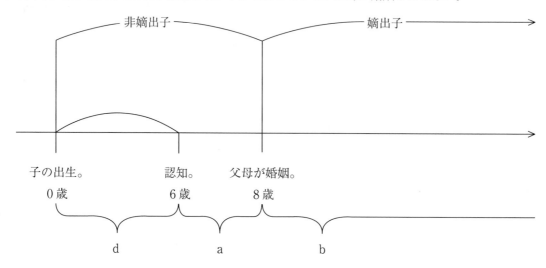

〔認知準正〕第789条2項

上の図では、c　→　b

下の図で、子が6歳のときに、父母が婚姻し、子が8歳のときに、認知されたばあい。

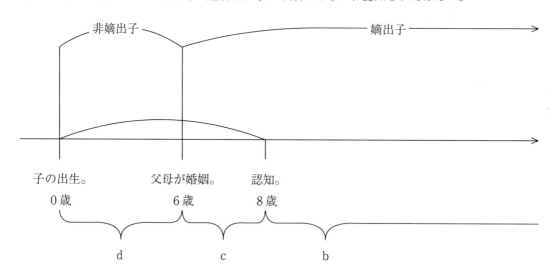

　認知準正の効果は、「認知の時から」生ずると規定されている（民法789条2項）。しかし、学説は、婚姻の時から生ずる、と解している。認知の効力は出生の時に、さかのぼる（民法784条）。したがって婚姻の時に、準正の要件を満たしたことになる。以上の説明は、甲斐道太郎ほか編・新民法概説(3)〔親族・相続〕改訂版87頁を参照した。

第790条

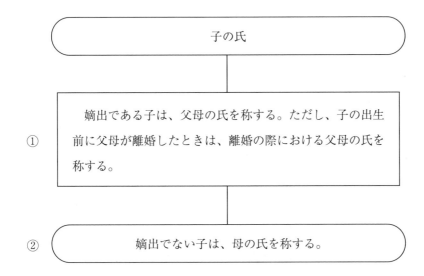

第791条

子の氏の変更

① 　子が父または母と氏を異にする場合には、子は、家庭裁判所の許可を得て、戸籍法の定めるところにより届け出ることによって、その父または母の氏を称することができる。

② 　父または母が氏を改めたことにより子が父母と氏を異にする場合には、子は、父母の婚姻中にかぎり、前項の許可を得ないで、戸籍法の定めるところにより届け出ることによって、その父母の氏を称することができる。

③ 　子が15歳未満であるときは、その法定代理人が、これに代わって、前二項の行為をすることができる。

④ 　前三項の規定により氏を改めた未成年の子は、成年に達した時から１年以内に戸籍法の定めるところにより届け出ることによって、従前の氏に復することができる。

第2節　養子 (1)

(1)　沼正也・墓場の家族法と揺りかごの財産法［新版］238頁以下に。近代的養子制度の理由を、つぎ
のように述べられる。「親子関係があれば、その一方が要保護性を帯有するとき、なにものからの無
条件においてその要保護性の補完を義務づけられることは、親子関係の発生・消滅をも、夫婦関係の
それにおけると等しく、厳格主義下に立たしめずにはおきません。夫婦関係の発生については、たと
えば愛情というような不明確な要素に最終的な決め手を求めえず、届出婚主義という厳格主義下に立
たされているのに対し、親子関係のそれについては、近代における自然科学の異常なまでの発展をう
けて生理学の側面でも生殖の理があますところなく明々白々となり、家族法もこの自然科学の成果を
法的受容して親子関係の発生・消滅につき自然血縁尊重の原則を定立したのでした。前代における家
制度からの要請としての擬制的親子関係－養子制度はこの原則下では生きながらえることが許されず、
先進諸国では、廃止されていきました。ところが、第一次世界大戦後になって、養子制度はまた息を
吹き返してきました。いままで養子制度を経験したことのなかった国までもがこの制度の採用にすこ
ぶる意欲的になり、その実現に踏みきりました。これは、どうしたわけなのでしょうか。自然血縁尊
重の原則を捨て、または、これを修正しようというものだったのでしょうか。さにあらずして、自然
血縁尊重の原則は、微動だにさせられなかったのです。堅持され続けて、いまにいたっているのです。
第一次世界大戦は、多くの孤児を戦後に遺しました。孤児収容施設に収容してみても、保温装置下の
雛鳥とは違って、近代人としての人格形成上好ましい成果をあげえず、親のない子にも親を与えねば
ならないということにはっきりと気がつかれたのです。こうして、自然血縁尊重の原則からの無条件
において、家庭への孤児収容法として近代的な養子制度が形成されるにいたったのです。自然血縁尊
重の原則の否定や修正とは次元が違うことは、もう改めて説くまでもないでしょう。要保護性の補完
はこのように、定立された原則からも優先的に無条件なのです（保護法の理論）。内縁保護が法律婚
主義からの無条件において成立せしめられる理と、まったく同じなのです。ですから、この近代的養
子制度も孤児と孤児でなくても親らしい親にめぐまれない未成熟子にかぎられて、もう親がなくても
人格形成上に支障のない段階での未成年者や成年者にはげんとしておよぼさしめることはできないの
です。日本法では、改正法下のこんにちでも成年養子を認めているのですが、これは家名断絶をおそ
れる封建的家族制度の温存であり、親子法における夾雑規定という本質をもち、法解釈上拡張解釈は
げんにいましめ、縮小解釈に努めなければならないものです・・・。」

第1款　縁組の要件（792条〜801条の関係）

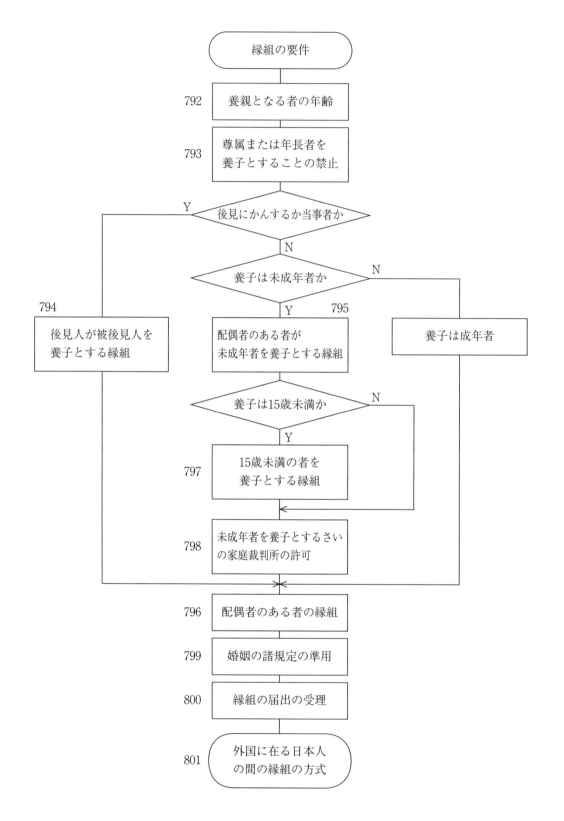

第792条

養親となる者の年齢

20歳に達した者は、養子をすることができる。

第793条

尊属または年長者を養子とすることの禁止

尊属または年長者は、これを養子とすることができない。

第794条

後見人が被後見人を養子とする縁組

後見人が被後見人（未成年被後見人および成年被後見人をいう。以下同じ。）を養子とするには、家庭裁判所の許可を得なければならない。後見人の任務が終了した後、まだ、その管理の計算が終わらない間も、同様とする。

第795条

配偶者のある者が未成年者を養子とする縁組

　配偶者のある者が未成年者を養子とするには、配偶者とともにしなければならない。ただし、配偶者の嫡出である子を養子とする場合または配偶者がその意思を表示することができない場合は、この限りでない。

第796条

配偶者のある者の縁組

　配偶者のある者が縁組をするには、その配偶者の同意を得なければならない。ただし、配偶者とともに縁組をする場合または配偶者がその意思を表示することができない場合は、この限りでない。

第797条

15歳未満の者を養子とする縁組

① 　養子となる者が15歳未満であるときは、その法定代理人が、これに代わって、縁組の承諾をすることができる。

② 　法定代理人が前項の承諾をするには、養子となる者の父母で、その監護をすべき者であるものが他にあるときは、その同意を得なければならない。養子となる者の父母で親権を停止されているものがあるときも、同様とする。

第798条

未成年者を養子とする縁組

　未成年者を養子とするには、家庭裁判所の許可を得なければならない。ただし、自己または配偶者の直系卑属を養子とする場合は、この限りでない。

第799条

婚姻の諸規定の準用

　第738条（成年被後見人の婚姻）および第739条（婚姻の届出）の規定は、縁組について準用する。

第800条

縁組の届出の受理

　縁組の届出は、その縁組が第792条から前条までの規定その他の法令の規定に違反しないことを認めた後でなければ、受理することができない。

第801条

外国に在る日本人の間の縁組の方式

　外国に在る日本人間で縁組をしようとするときは、その国に駐在する日本の大使、公使または領事に、その届出をすることができる。この場合においては、第799条において準用する第739条（婚姻の届出）の規定および前条の規定を準用する。

第2款　縁組の無効および取消し（802条〜808条の関係）

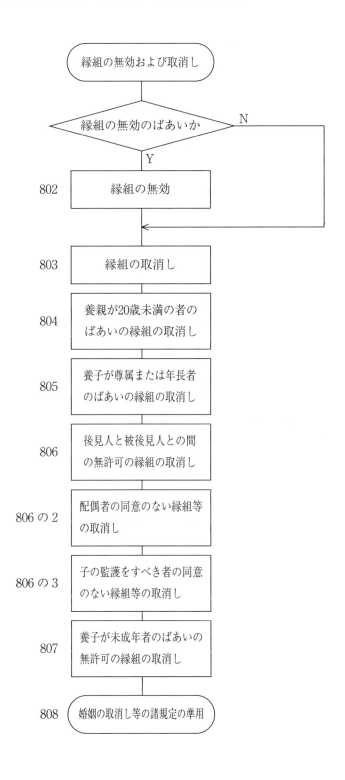

民法802条

縁組の無効

縁組は、つぎに掲げる場合にかぎり、無効とする。

一　人違い、その他の事由によって、当事者間に縁組をする
　　意思がないとき。

二　当事者が縁組の届出をしないとき。ただし、その届出が
　　第799条において準用する第739条、第2項に定める方式
　　を欠くだけであるときは、縁組は、そのために、その効
　　力を妨げられない。

(1)

(1)　縁組の意思には、つぎの二つがある。

　　実質的意思・・・・・・親子として、社会生活を送る意思。

　　形式的意思・・・・・・養子縁組の届出をする意思。

養子縁組における実質的意思と形式的意思

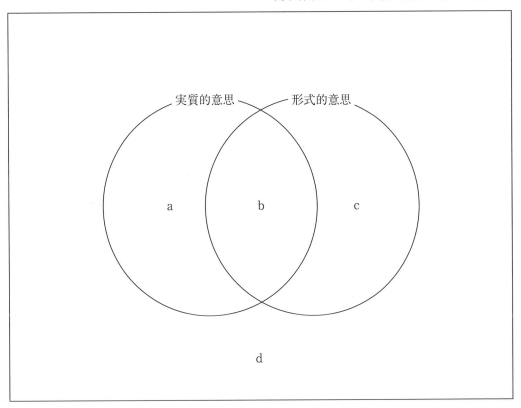

a　事実上の養親子　　関係法上・・・・・非養親子
　　　　　　　　　　　保護法上・・・・・準養親子
b　通常の養親子
c　仮装縁組　　　　　（例）相続税の節税のための縁組。
　　　　　　　　　　　　　　学区制を潜脱して高校に越境入学するための縁組。
　　　　　　　　　　　Cについては、前田陽一・新基本コンメンタール〔第2版〕・親族176頁を参照
　　　　　　　　　　　した。
d　無関係　　　　　　二人は、社会生活上、養親子と思っておらず、縁組届を出す意思がない同棲の
　　　　　　　　　　　ばあい。

第803条

> 縁組の取消し

> 　縁組は、次条から第808条までの規定によらなければ、取り消すことができない。

第804条

> 養親が20歳未満の者である場合の縁組の取消し

> 　第792条の規定に違反した縁組は、養親または、その法定代理人から、その取消しを家庭裁判所に請求することができる。ただし、養親が、20歳に達した後、6箇月を経過し、または追認をしたときは、この限りでない。

民法805条

> 養子が尊属または年長者である場合の縁組の取消し

> 　第793条の規定に違反した縁組は、各当事者または、その親族から、その取消しを家庭裁判所に請求することができる。

第806条

後見人と被後見人との間の無許可の縁組の取消し

① 　第794条の規定に違反した縁組は、養子または、その実方の親族から、その取消しを家庭裁判所に請求することができる。ただし、管理の計算が終わった後、養子が追認をし、または6箇月を経過したときは、この限りでない。

② 　前項ただし書の追認は、養子が、成年に達し、または行為能力を回復した後にしなければ、その効力を生じない。

③ 　養子が、成年に達せず、または行為能力を回復しない間に、管理の計算が終わった場合には、第1項ただし書の期間は、養子が、成年に達し、または行為能力を回復した時から起算する。

第806条の2

配偶者の同意のない縁組等の取消し

① 　第796条の規定に違反した縁組は、縁組の同意をしていない者から、その取消しを家庭裁判所に請求することができる。ただし、その者が、縁組を知った後、6箇月を経過し、または追認をしたときは、この限りでない。

② 　詐欺または強迫によって第796条の同意をした者は、その縁組の取消しを家庭裁判所に請求することができる。ただし、その者が、詐欺を発見し、もしくは強迫を免れた後、6箇月を経過し、または追認をしたときは、この限りでない。

第806条の3

子の監護をすべき者の同意のない縁組等の取消し

①　第797条、第2項の規定に違反した縁組は、縁組の同意をしていない者から、その取消しを家庭裁判所に請求することができる。ただし、その者が追認をしたとき、または養子が15歳に達した後、6箇月を経過し、もしくは追認をしたときは、この限りでない。

②　前条、第2項の規定は、詐欺または強迫によって、第797条、第2項の同意をした者について準用する。

第807条

養子が未成年者である場合の無許可の縁組の取消し

第798条の規定に違反した縁組は、養子、その実方の親族または養子に代わって縁組の承諾をした者から、その取消しを家庭裁判所に請求することができる。ただし、養子が、成年に達した後、6箇月を経過し、または追認をしたときは、この限りでない。

第808条

婚姻の取消し等の諸規定の準用

① 第747条（詐欺または強迫による婚姻の取消し）および第748条（婚姻の取消しの効力）の規定は、縁組について準用する。この場合において、第747条、第2項中「三箇月」とあるのは、「六箇月」と読み替えるものとする。

② 第769条（離婚による復氏のさいの権利の承継）および第816条（離縁による復氏等）の規定は、縁組の取消しについて準用する。

第3款　縁組の効力

第809条

嫡出子の身分の取得

養子は、縁組の日から、養親の嫡出子の身分を取得する。

第810条

養子の氏

　養子は、養親の氏を称する。ただし、婚姻によって氏を改めた者については、婚姻の際に定めた氏を称すべき間は、この限りでない。

第4款　離縁（811条〜817条の関係）

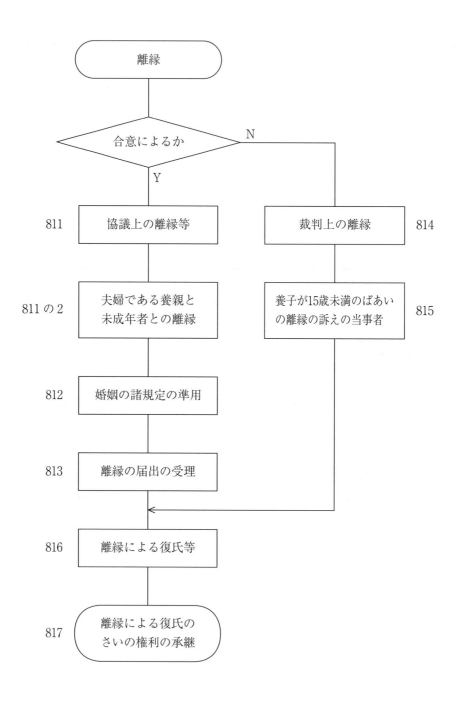

第811条

```
┌─────────────────────────────────────────┐
│           協議上の離縁等                    │
└─────────────────────────────────────────┘
```

① 縁組の当事者は、その協議で、離縁をすることができる。

② 養子が15歳未満であるときは、その離縁は、養親と養子の離縁後に、その法定代理人となるべき者との協議で、これをする。

③ 前項の場合において、養子の父母が離婚しているときは、その協議で、その一方を養子の離縁後に、その親権者となるべき者と定めなければならない。

④ 前項の協議が調わないとき、または協議をすることができないときは、家庭裁判所は、同項の父もしくは母または養親の請求によって、協議に代わる審判をすることができる。

⑤ 第2項の法定代理人となるべき者がないときは、家庭裁判所は、養子の親族その他の利害関係人の請求によって、養子の離縁後に、その未成年後見人となるべき者を選任する。

⑥ 縁組の当事者の一方が死亡した後に生存当事者が離縁をしようとするときは、家庭裁判所の許可を得て、これをすることができる。

第811条の2

夫婦である養親と未成年者との離縁

　養親が夫婦である場合において未成年者と離縁をするには、夫婦が共にしなければならない。ただし、夫婦の一方が、その意思を表示することができないときは、この限りでない。

第812条

婚姻の諸規定の準用

　第738条（成年被後見人の婚姻）、第739条（婚姻の届出）および第747条（詐欺または強迫による婚姻の取消し）の規定は、協議上の離縁について準用する。この場合において、同条、第2項中「三箇月」とあるのは、「六箇月」と読み替えるものとする。

第813条

```
┌────────────────────────────────────────────────┐
│              離縁の届出の受理                     │
└────────────────────────────────────────────────┘
```

① 　離縁の届出は、その離縁が前条において準用する第739条、第2項の規定ならびに第811条および第811条の2の規定その他の法令の規定に違反しないことを認めた後でなければ、受理することができない。

② 　離縁の届出が前項の規定に違反して受理されたときであっても、離縁は、そのために、その効力を妨げられない。

第814条

裁判上の離縁

　縁組の当事者の一方は、つぎに掲げる場合にかぎり、離縁の訴えを提起することができる。

一　他の一方から悪意で遺棄されたとき。

二　他の一方の生死が３年以上、明らかでないとき。

三　その他、縁組を継続し難い重大な事由があるとき。

　第770条、第２項（裁判所の裁量による離婚の請求の棄却）の規定は、前項、第一号および第二号に掲げる場合について準用する。

(1)

(1)　沼正也・民法の世界［新版］516頁以下に、つぎの記述がある。「裁判離縁　一方当事者の意思に基づき、裁判所の判決に基づき成立する養子縁組の解消である。離縁原因についても、離婚原因におけると歩調を合わせ破綻主義がとられており、制度の組み立て方も裁判離婚におけると等しい。」として、民法814条の条文を挙げられ、さらに、つぎのように述べられる。「つまり、裁判所は例示的に掲げた個々の離婚原因に該当する場合でもいっさいの事情を考慮して婚姻の継続を相当と認めるときは、離婚の請求を棄却できるとするあの第七七〇条第二項の規定を裁判離縁にも準用するというのである。わが民法が欧米なみの孤児収養にのみ養子制度を認容していたならば、このような離縁原因を形ばかりに離婚原因に合わせて規定するものとは違った保護法のフィルターをじゅうぶんにとおした実質的な規定づけをしていたに違いない（右の例示はただに裁判離婚における例示を思いつきのままにお体裁に並べた苦肉の策であるので諸学者たちのがわからもたとえば第二号の例示規定につき、『現行法でこれをとくに例示的原因としてあげることは意味がない。養子の保護に制度の重点があるならば不必要な規定であり、いわゆる「家のため」「親のため」の養子制度を脱却していない規定である。また養子の不分明が実際に不都合を生ずるときは、一般原則にしたがい失踪宣告の制度を利用すれば十分であろう』というような声も挙がっている。）。」

第815条

養子が15歳未満である場合の離縁の訴えの当事者

養子が15歳に達しない間は、第811条の規定により養親と離縁の協議をすることができる者から、または、これに対して、離縁の訴えを提起することができる。

第816条

離縁による復氏等

① 養子は、離縁によって縁組前の氏に復する。ただし、配偶者とともに養子をした養親の一方のみと離縁をした場合は、この限りでない。

② 縁組の日から７年を経過した後に前項の規定により縁組前の氏に復した者は、離縁の日から３箇月以内に戸籍法の定めるところにより届け出ることによって、離縁の際に称していた氏を称することができる。

第817条

離縁による復氏のさいの権利の承継

第769条（離婚による復氏のさいの権利の承継）の規定は、離縁について準用する。

第5款　特別養子（817条の2〜817条の11の関係）

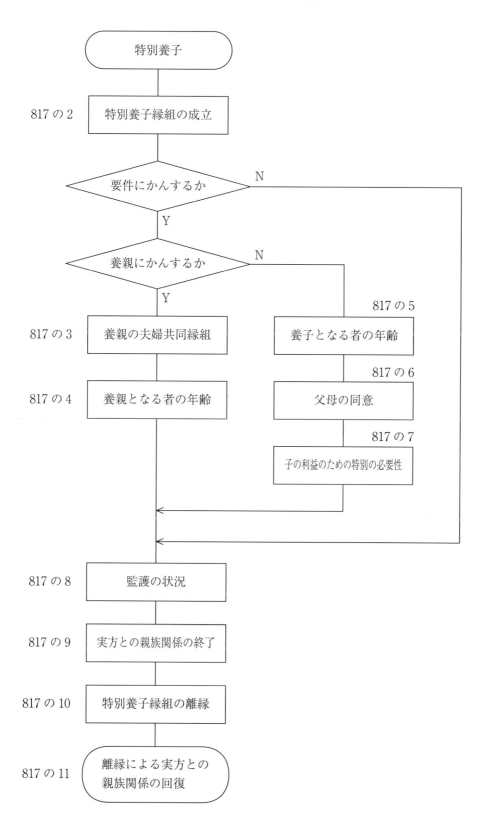

第817条の2

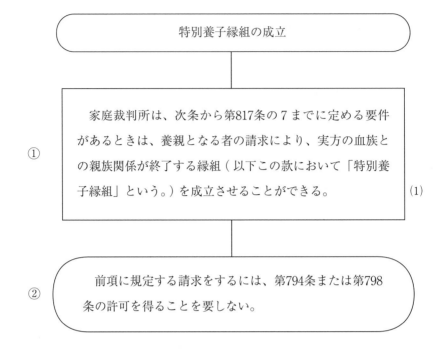

(1)　篠塚昭次・民法口話5・家族法85頁で、特別養子について、つぎのように述べられる。「さて、日本の場合、普通の養子と特別養子の二本立てとなっている。普通の養子は従来からの一般的な養子ですが、特別養子は幼児を実親から完全に引き離して養親の実子として扱うもので、わが国ではとくに伝統的なものであり、『子のための養子』制度でありながら、養親にとっても養子との親近感が実子的になる長所が期待されています。」さらに、前掲87頁以下で、つぎのように述べられる。「婚姻関係にない男女の間で生まれた子を、その子の母である若い女性が自分で育てるのは、もちろんいいことですが、他人に育ててもらう。そのときに自分とその子との親子関係が残るような痕跡を戸籍にとどめないために、もらってくれる人に出生届を任せる。それを承知で医師が出生証明書を作成して裁判にかけられたというケースがありました。その事件を切っかけに『特別養子』という規定が民法の中に入ったのです。入ったのですが、それも戸籍と完全には切り離せないために、事実上の養子というのがやはり、まだかなりあるのではないか。それは子が成長した暁に、本当の親を探さないように、戸籍の上で完全に実の父母という形式が確立するように出生届を出し、産婦人科の医師もそれに協力する。やかましく言えば刑法の文書偽造でしょうね。医師法にも違反するかもしれませんね。しかし、民法学者の中には、それを悪いとばかりは決め付けない見解もかなりあります。つまり、その子が本当にかわいがって育ててもらうのなら、『産みの親より育ての親』という言葉があるので、それはそれで自然の人情に任されているのだから、余計な詮索をするほうが、むしろ法的に禁じられるべきだという見解はあり、大家の中にもその見解を持っている人もおります。これは難しいですね。」続いて「近親婚の発生」の表題のもとで、つぎのように述べられる。「1つの問題は、近親婚が生じる

ことです。出生届を出したときに、その子が血のつながっている兄弟と戸籍が違うために婚姻関係に入ってしまうと、近親婚による劣性遺伝が発生することはないかということは、1つの問題点ではあるのです。いまぐらいの状況を踏まえて、養子をもらった人の名前で出生届を出し、生涯隠し通せるようにしたらいいではないかという人と、それには反対で、やはり戸籍ではっきり、あるいは少しぼかしながらも、ちゃんと養子縁組届にすべきだという人は、半々ぐらいです。そのため折衷的な特別養子制度を1987年（昭和62年）の民法改正で入れたのです。」

第817条の3

養親の夫婦共同縁組

①　養親となる者は、配偶者のある者でなければならない。

②　　夫婦の一方は、他の一方が養親とならないときは、養親となることができない。ただし、夫婦の一方が他の一方の嫡出である子（特別養子縁組以外の縁組による養子を除く。）の養親となる場合は、この限りでない。

第817条の4

養親となる者の年齢

　25歳に達しない者は、養親となることができない。ただし、養親となる夫婦の一方が25歳に達していない場合においても、その者が20歳に達しているときは、この限りでない。

第817条の 5

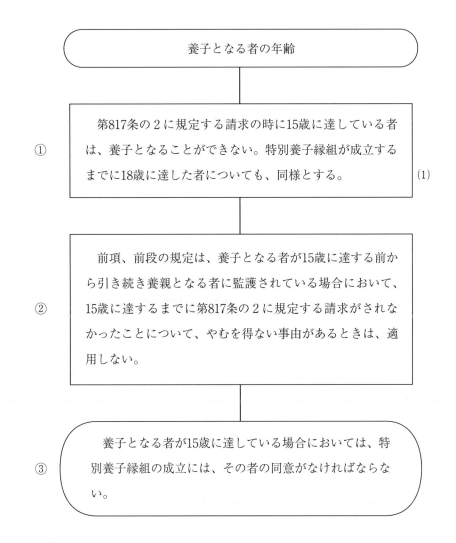

養子となる者の年齢

① 　第817条の 2 に規定する請求の時に15歳に達している者は、養子となることができない。特別養子縁組が成立するまでに18歳に達した者についても、同様とする。　(1)

② 　前項、前段の規定は、養子となる者が15歳に達する前から引き続き養親となる者に監護されている場合において、15歳に達するまでに第817条の 2 に規定する請求がされなかったことについて、やむを得ない事由があるときは、適用しない。

③ 　養子となる者が15歳に達している場合においては、特別養子縁組の成立には、その者の同意がなければならない。

(1)　2019年の改正前は、特別養子となる者は、原則 6 歳未満であった。しかし、改正後は、特別養子となる者は、原則15歳未満となった。以上の改正の理由について、西希代子・新基本コンメンタール［第 2 版］親族199頁で、つぎのように述べられる。「改正の最大の目的は、児童養護施設入所児童等に家庭的な養育環境を提供するために、特別養子制度の利用を促進することにあり、特別養子制度の対象年齢の拡大および特別養子縁組成立のための家庭裁判所の手続の合理化等が図られた。」

第817条の6

父母の同意

　特別養子縁組の成立には、養子となる者の父母の同意がなければならない。ただし、父母が、その意思を表示することができない場合、または父母による虐待、悪意の遺棄その他、養子となる者の利益を著しく害する事由がある場合は、この限りでない。

第817条の7

子の利益のための特別の必要性

　特別養子縁組は、父母による養子となる者の監護が著しく困難または不適当であること、その他、特別の事情がある場合において、子の利益のため特に必要があると認めるときに、これを成立させるものとする。

第817条の 8

監護の状況

① 　特別養子縁組を成立させるには、養親となる者が養子となる者を 6 箇月以上の期間、監護した状況を考慮しなければならない。

② 　前項の期間は、第817条の 2 に規定する請求の時から起算する。ただし、その請求前の監護の状況が明らかであるときは、この限りでない。

第817条の 9

実方との親族関係の終了

　養子と実方の父母および、その血族との親族関係は、特別養子縁組によって終了する。ただし、第817条の 3 第 2 項ただし書に規定する他の一方および、その血族との親族関係については、この限りでない。

第817条の10

特別養子縁組の離縁

① 　次の各号のいずれにも該当する場合において、養子の利益のため特に必要があると認めるときは、家庭裁判所は、養子、実父母または検察官の請求により、特別養子縁組の当事者を離縁させることができる。
一　養親による虐待、悪意の遺棄その他、養子の利益を著しく害する事由があること。
二　実父母が相当の監護をすることができること。

② 　離縁は、前項の規定による場合のほか、これをすることができない。

第817条の11

離縁による実方との親族関係の回復

　養子と実父母および、その血族との間においては、離縁の日から、特別養子縁組によって終了した親族関係と同一の親族関係を生ずる。

第4章　親　　権

第1節　総則

第818条

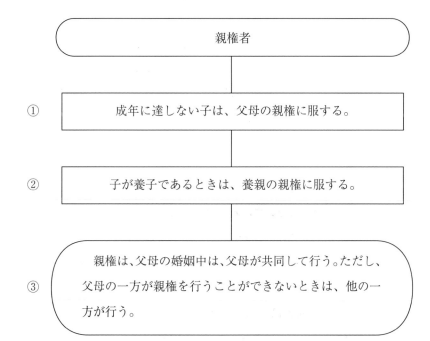

親権者

① 成年に達しない子は、父母の親権に服する。

② 子が養子であるときは、養親の親権に服する。

③ 親権は、父母の婚姻中は、父母が共同して行う。ただし、父母の一方が親権を行うことができないときは、他の一方が行う。

第819条

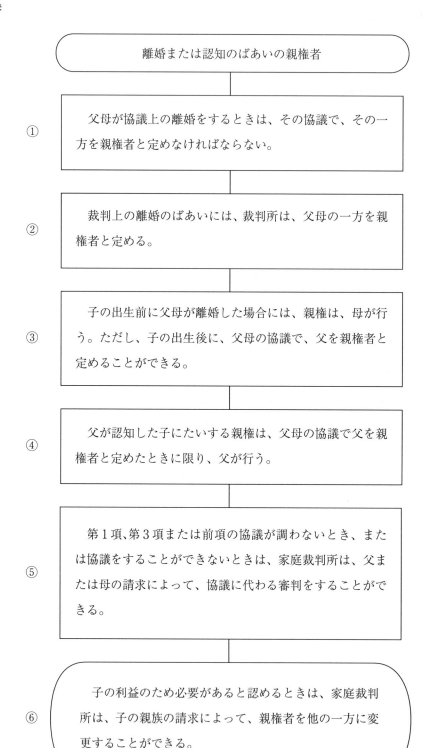

離婚または認知のばあいの親権者

① 父母が協議上の離婚をするときは、その協議で、その一方を親権者と定めなければならない。

② 裁判上の離婚のばあいには、裁判所は、父母の一方を親権者と定める。

③ 子の出生前に父母が離婚した場合には、親権は、母が行う。ただし、子の出生後に、父母の協議で、父を親権者と定めることができる。

④ 父が認知した子にたいする親権は、父母の協議で父を親権者と定めたときに限り、父が行う。

⑤ 第1項、第3項または前項の協議が調わないとき、または協議をすることができないときは、家庭裁判所は、父または母の請求によって、協議に代わる審判をすることができる。

⑥ 子の利益のため必要があると認めるときは、家庭裁判所は、子の親族の請求によって、親権者を他の一方に変更することができる。

第2節　親権の効力（820条〜833条の関係）

制限行為能力者が、かかわる法律行為

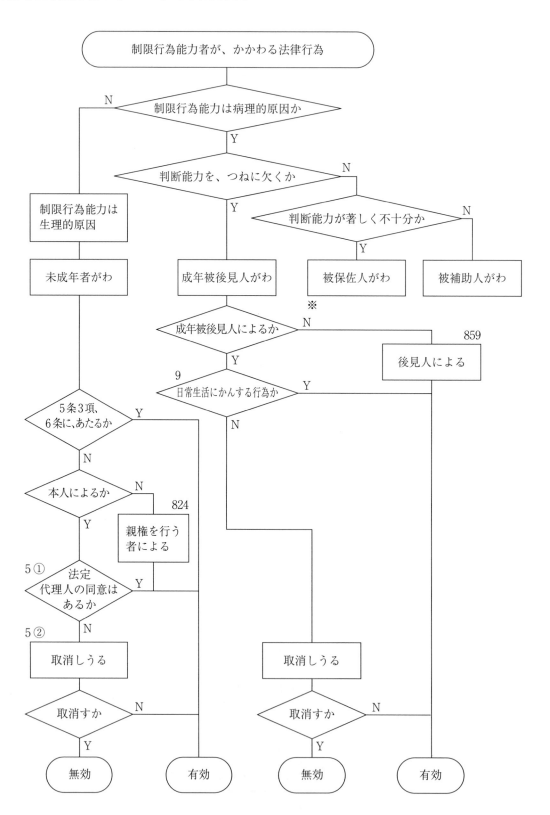

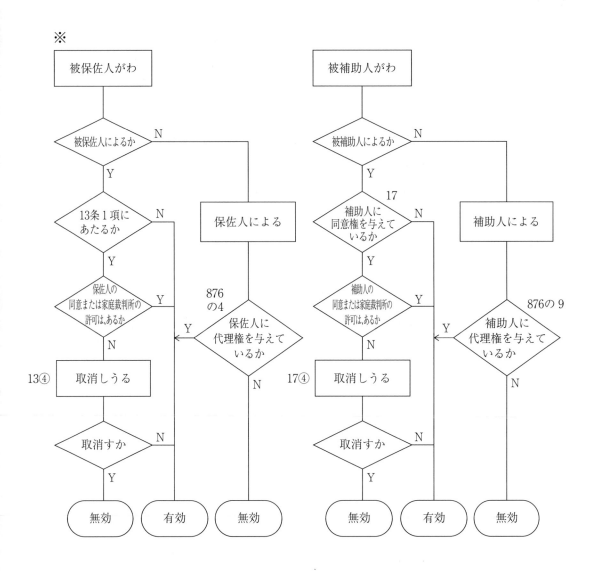

第820条

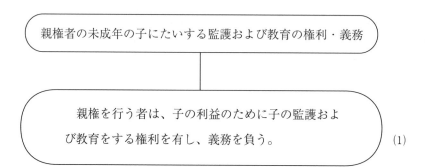

（1）　親権を図解する。以下、子とあるのは未成年の子。

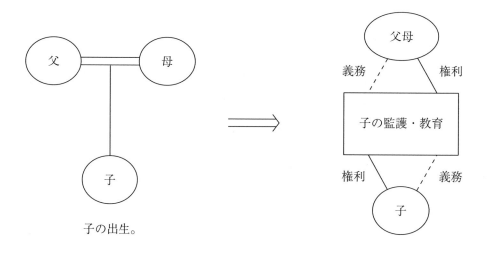

　二宮周平・家族法［第5版］163頁では、つぎのように述べられる。「成長の途上にある子に対する援助は、親が第1次的に責任を負い、国や自治体はこうした親の責任がまっとうされるよう援助し、子の養育を放棄したり、養育に適さない親から子を守る義務を負う。だから、法律上の親子関係を確定して親を確保することが、親子法の出発点である」以上の記述を図解する。

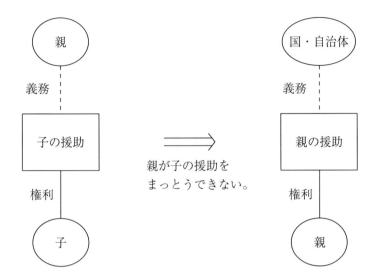

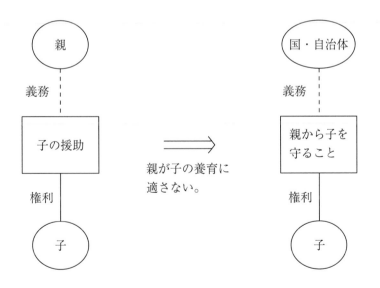

　二宮・前掲229頁では、つぎのように述べられる。「さらに、1989年国連で採択された『子どもの権利条約』において、子の権利主体性が確認されると、子の利益を守るとはいっても、それは、子が未熟、未発達な存在だから保護するというのではなく、子自身に発達し成長する権利があり、親や国はこれを援助するものという発想に変わってくる。」以上を図解する。

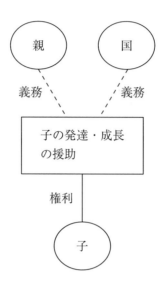

第821条

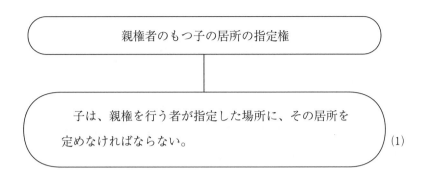

（1）　親権者のもつ子の居所の指定権を図解する。

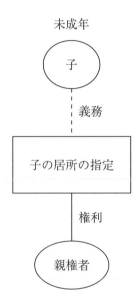

　法務省ホームページ、民法等の一部を改正する法律案、新旧対照条文によると、現行821条は822条へ移り、新821条は「親権を行う者は、前条の規定による監護及び教育をするに当たっては、子の人格を尊重するとともに、その年齢及び発達の程度に配慮しなければならず、かつ、体罰その他の子の心身の健全な発達に有害な影響を及ぼす言動をしてはならない。」とされた。

第822条

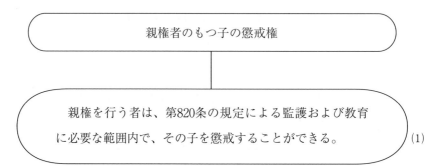

（1）　親権者のもつ子の懲戒権を図解する。

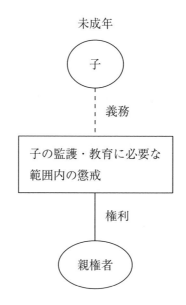

　法務省ホームページ、法務省民事局、令和4年12月によると、民法（親子法制）等の改正に関する法律が令和4年12月、参議院本会議において法案の可決・成立（12月16日公布）となった。「懲戒権に関する規定（現行民法第822条）が、児童虐待を正当化する口実になっているとの指摘。」を理由として、現行民法第822条は削除された。

第823条

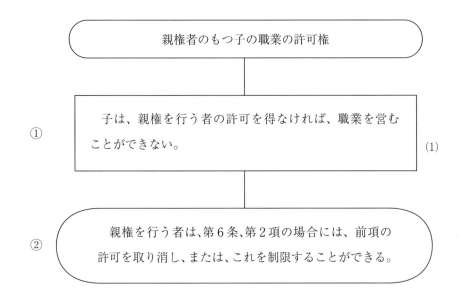

親権者のもつ子の職業の許可権

① 子は、親権を行う者の許可を得なければ、職業を営むことができない。　(1)

② 親権を行う者は、第6条、第2項の場合には、前項の許可を取り消し、または、これを制限することができる。

(1) 親権者のもつ子の職業の許可権を図解する。

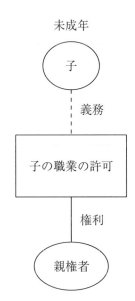

未成年

子

義務

子の職業の許可

権利

親権者

第824条

```
┌─────────────────────────────────────┐
│   親権者のもつ子の財産管理権と法定代理権   │
└─────────────────────────────────────┘
                    │
┌─────────────────────────────────────┐
│  　親権を行う者は、子の財産を管理し、かつ、そ  │
│  の財産にかんする法律行為について、その子を代  │ (1)
│  表する。ただし、その子の行為を目的とする債務  │
│  を生ずべき場合には、本人の同意を得なければな  │
│  らない。                                │ (2)
└─────────────────────────────────────┘
```

(1) 「代表」とは、「法定代理」の意味である。沼正也・墓場の家族法と揺りかごの財産法［新版］273
　　頁を参照。子をA、親権者をB、BがAの法定代理人として契約する相手方をCとする。

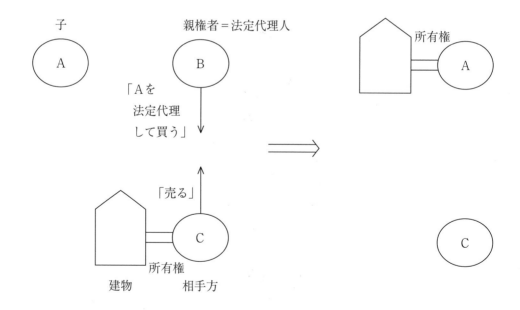

(2)　沼正也・前掲272頁では、つぎのように述べられる。「民法上での雇傭契約については、親権者が法定代理できますが、そのさい親権者は子の同意をうけなければなりません（民法八二四条但書）。この点については、のちに説かれますが、親権者が法定代理をするについて未成年の子の同意をうけろという法論理は、要保護性の補完として未成年の子が法律行為をするについては親権者の同意をうけることを要するという建てまえとまさに正反対になっていることに着目すべきです。これはもういうまでもなく次善性の原則に基づくもので、たとえば未成年の子を家事使用人として働かせるについて親権者が勝手に契約してはいけない、子の意思を尊重して子が自発的にその気になるのでなければいけない、というのです・・・。」以下、子をA、親権者をB、BがAの法定代理人として契約する相手方をCとする。Aの同意は、親権者Bにたいしても、相手方Cにたいしても、してよい。なお、家事使用人には、労働基準法が適用されない（労働基準法116条2項）。

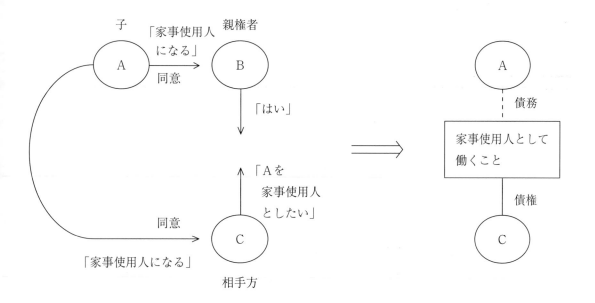

第825条

> 父母の一方が共同の名義でした行為の効力

　父母が共同して親権を行う場合において、父母の一方が、共同の名義で、子に代わって法律行為をし、または子が、これをすることに同意したときは、その行為は、他の一方の意思に反したときであっても、そのために、その効力を妨げられない。ただし、相手方が悪意であったときは、この限りでない。

第826条

> 利益相反行為

①　親権を行う父または母と、その子との利益が相反する行為については、親権を行う者は、その子のために特別代理人を選任することを家庭裁判所に請求しなければならない。

②　親権を行う者が数人の子にたいして親権を行う場合において、その一人と他の子との利益が相反する行為については、親権を行う者は、その一方のために特別代理人を選任することを家庭裁判所に請求しなければならない。

第827条

財産の管理における注意義務

　親権を行う者は、自己のためにするのと同一の注意をもって、その管理権を行わなければならない。

第828条

財産の管理の計算

　子が成年に達したときは、親権を行った者は、遅滞なく、その管理の計算をしなければならない。ただし、その子の養育および財産の管理の費用は、その子の財産の収益と相殺したものと見なす。

第829条

前条の例外

　前条ただし書の規定は、無償で子に財産を与える第三者が反対の意思を表示したときは、その財産については、これを適用しない。

第830条

第三者が無償で子に与えた財産の管理

① 　無償で子に財産を与える第三者が、親権を行う父または母に、これを管理させない意思を表示したときは、その財産は、父または母の管理に属しないものとする。

② 　前項の財産につき、父母が共に管理権を有しない場合において、第三者が管理者を指定しなかったときは、家庭裁判所は、子、その親族または検察官の請求によって、その管理者を選任する。

③ 　第三者が管理者を指定したときであっても、その管理者の権限が消滅し、または、これを改任する必要がある場合において、第三者が、さらに管理者を指定しないときも、前項と同様とする。

④ 　第27条から第29条まで（不在者の財産管理人の権利・義務）の規定は、前二項の場合について準用する。

第831条

委任の諸規定の準用

第654条（委任の終了後の処分）および第655条（委任の終了の対抗要件）の規定は、親権を行う者が子の財産を管理するばあい、および前条のばあいについて準用する。

第832条

財産の管理について生じた親子間の債権の消滅時効

① 親権を行った者と、その子との間に財産の管理について生じた債権は、その管理権が消滅した時から5年間これを行使しないときは、時効によって消滅する。

② 子が、まだ成年に達しない間に管理権が消滅した場合において、子に法定代理人がないときは、前項の期間は、その子が成年に達し、または後任の法定代理人が就職した時から起算する。

第833条

子に代わる親権の行使

親権を行う者は、その親権に服する子に代わって親権を行う。　　　　　　　　　　　　　　　　　　　　（i）

(1)　親権を行う者をＡ、親権に服する子をＢ、Ｂの子をＣとする。たとえば、未成年者のＢが未婚の母になったばあい。高梨公之・監修・口語民法［新補訂２版］を参照した。

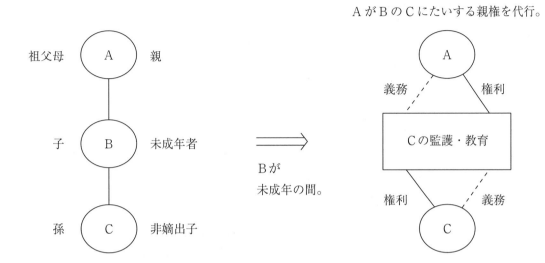

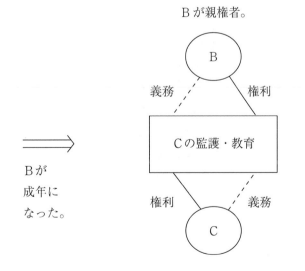

第3節　親権の喪失（834条〜837条の関係）

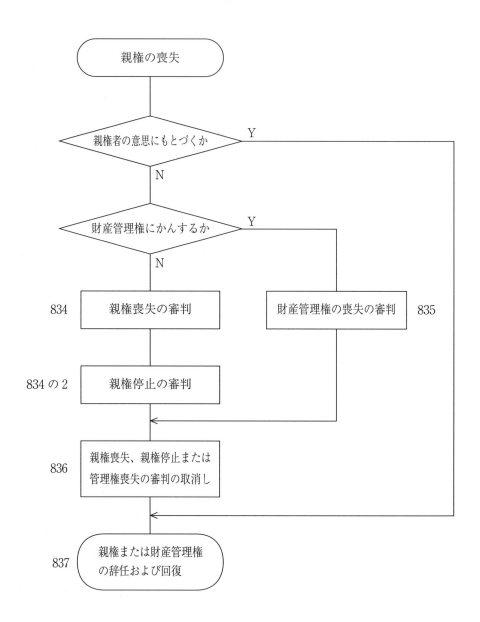

第834条

```
┌─────────────────────────────────┐
│          親権喪失の審判           │
└─────────────────────────────────┘
```

　父または母による虐待または悪意の遺棄があるとき、その他、父または母による親権の行使が著しく困難または不適当であることにより子の利益を著しく害するときは、家庭裁判所は、子、その親族、未成年後見人、未成年後見監督人または検察官の請求により、その父または母について、親権喪失の審判をすることができる。ただし、2年以内に、その原因が消滅する見込みがあるときは、この限りでない。

第834条の2

```
┌─────────────────────────────────┐
│          親権停止の審判           │
└─────────────────────────────────┘
```

①　父または母による親権の行使が困難または不適当であることにより子の利益を害するときは、家庭裁判所は、子、その親族、未成年後見人、未成年後見監督人または検察官の請求により、その父または母について、親権停止の審判をすることができる。

②　家庭裁判所は、親権停止の審判をするときは、その原因が消滅するまでに要すると見込まれる期間、子の心身の状態および生活の状況その他、一切の事情を考慮して、2年を超えない範囲内で、親権を停止する期間を定める。

第835条

管理権喪失の審判

　父または母による管理権の行使が困難または不適当であることにより子の利益を害するときは、家庭裁判所は、子、その親族、未成年後見人、未成年後見監督人または検察官の請求により、その父または母について、管理権喪失の審判をすることができる。

第836条

親権喪失、親権停止または管理権喪失の審判の取消し

　第834条本文、第834条の2第1項または前条に規定する原因が消滅したときは、家庭裁判所は、本人または、その親族の請求によって、それぞれ親権喪失、親権停止または管理権喪失の審判を取り消すことができる。

民法837条

親権または管理権の辞任および回復

① 　親権を行う父または母は、やむを得ない事由があるときは、家庭裁判所の許可を得て、親権または管理権を辞することができる。

② 　前項の事由が消滅したときは、父または母は、家庭裁判所の許可を得て、親権または管理権を回復することができる。

第5章　後　　見 (1)

(1)　沼博士の親族法理論では、関係法と保護法を区別している。沼正也・墓場の家族法と揺りかごの財産法［新版］170頁に「二　関係法としての親族法と保護法としての親族法」という表題のもとに、同書176頁では、つぎのように述べられる。「地縁関係への保護の分配の保護法としての婚姻法・保護法としての親子法との異質は、まず第一にそれが血縁分配として構成されていないことです。したがって、この領域では保護法としての狭義の親族法という呼称を無条件原理が徹底的に破砕してその本質においては地縁保護法たらしめていることを看過してはなりません。第二に、要保護者に対する地縁関係はどのようにして発生・消滅せしめるかという地縁関係法が地縁保護法のなかに埋没されていて、独立の関係法領域をもたないことです・・・。そのことは地縁関係の発生・消滅に厳格主義を支配せしめえず、その対立物としての保護法における非厳格主義＝自由主義に立たしめることを意味します。この法現象は、せっぱつまった場合における保護の担い手の無条件性がしからしめるところです・・・。とくに、要保護性の補完は血縁関係者の意思的非自由において無条件に担わされる関係上この無条件補完に立たしめられる血縁関係をあらかじめ明確に画定しておかねばならないという論理必然性が血縁関係法に厳格主義を支配せしめるゆえんですが、要保護性補完の無条件性がこの血縁関係における厳格主義からの無条件において、せっぱつまった段階では、最終的・究極的に地縁関係による非厳格な要保護性の補完を導き出さずにはおかない保護法の理論の二段構造性の微妙さにここで正確な理解をもたねばなりません。」

第1節　後見の開始

第838条

後見が開始される場合

　後見は、次に掲げる場合に開始する。

一　未成年者にたいして親権を行う者がないとき、または親
　　権を行う者が管理権を有しないとき。

二　後見開始の審判があったとき。

第2節　後見の機関

第1款　後見人（839条〜847条の関係）

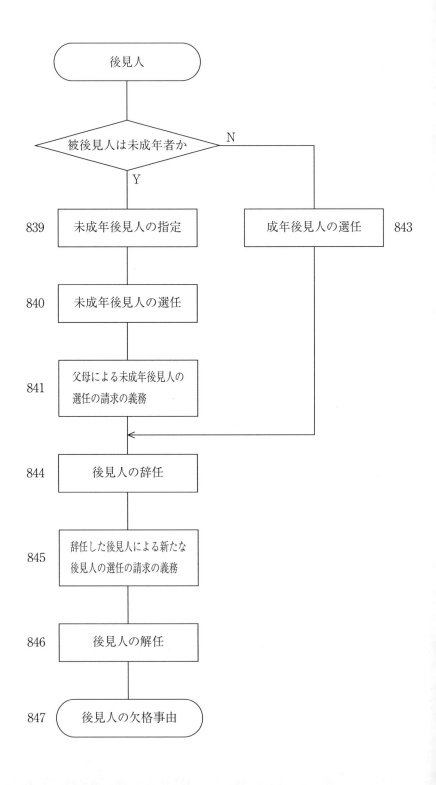

第839条

```
┌─────────────────────────────────┐
│          未成年後見人の指定          │
└─────────────────────────────────┘

┌─────────────────────────────────┐
│     未成年者にたいして最後に親権を行う者は、遺言で、未 │
① │  成年後見人を指定することができる。ただし、管理権を有 │
│     しない者は、この限りでない。                │
└─────────────────────────────────┘

┌─────────────────────────────────┐
│     親権を行う父母の一方が管理権を有しないときは、他 │
② │  の一方は、前項の規定により未成年後見人の指定をする │
│     ことができる。                         │
└─────────────────────────────────┘
```

民法840条

未成年後見人の選任

① 　前条の規定により未成年後見人となるべき者がないとき
は、家庭裁判所は、未成年被後見人または、その親族その
他の利害関係人の請求によって、未成年後見人を選任する。
未成年後見人が欠けたときも、同様とする。

② 　未成年後見人がある場合においても、家庭裁判所は、必
要があると認めるときは、前項に規定する者もしくは未成
年後見人の請求により、または職権で、さらに未成年後見
人を選任することができる。

③ 　未成年後見人を選任するには、未成年被後見人の年齢、
心身の状態ならびに生活および財産の状況、未成年後見
人となる者の職業および経歴ならびに未成年被後見人と
の利害関係の有無（未成年後見人となる者が法人である
ときは、その事業の種類および内容ならびに、その法人
および、その代表者と未成年被後見人との利害関係の有
無）、未成年被後見人の意見その他、一切の事情を考慮
しなければならない。

第841条

```
┌─────────────────────────────────────────┐
│  父母による未成年後見人の選任の請求の義務  │
└─────────────────────────────────────────┘
                    │
┌─────────────────────────────────────────┐
│  　父もしくは母が親権もしくは管理権を辞し、または父もし │
│  くは母について親権喪失、親権停止もしくは管理権喪失の審 │
│  判があったことによって未成年後見人を選任する必要が生じ │
│  たときは、その父または母は、遅滞なく未成年後見人の選任 │
│  を家庭裁判所に請求しなければならない。              │
└─────────────────────────────────────────┘
```

第842条

```
┌─────────────────────────────────────────┐
│              未成年後見人の数              │
└─────────────────────────────────────────┘
```

削除

第843条

```
┌─────────────────────────────────────┐
│            成年後見人の選任             │
└─────────────────────────────────────┘
```

①

┌─────────────────────────────────────┐
│　家庭裁判所は、後見開始の審判をするときは、職権で、│
│成年後見人を選任する。   │
└─────────────────────────────────────┘

②

┌─────────────────────────────────────┐
│　成年後見人が欠けたときは、家庭裁判所は、成年被後見│
│人もしくは、その親族その他の利害関係人の請求により、│
│または職権で、成年後見人を選任する。   │
└─────────────────────────────────────┘

③

┌─────────────────────────────────────┐
│　成年後見人が選任されている場合においても、家庭裁判│
│所は、必要があると認めるときは、前項に規定する者もし│
│くは成年後見人の請求により、または職権で、さらに成年│
│後見人を選任することができる。   │
└─────────────────────────────────────┘

④

　成年後見人を選任するには、成年被後見人の心身の状態ならびに生活および財産の状況、成年後見人となる者の職業および経歴ならびに成年被後見人との利害関係の有無（成年後見人となる者が法人であるときは、その事業の種類および内容ならびに、その法人および、その代表者と成年被後見人との利害関係の有無）、成年被後見人の意見その他、一切の事情を考慮しなければならない。

第844条

後見人の辞任

後見人は、正当な事由があるときは、家庭裁判所の許可を得て、その任務を辞することができる。

第845条

辞任した後見人による新たな後見人の選任の請求の義務

後見人が、その任務を辞したことによって新たに後見人を選任する必要が生じたときは、その後見人は、遅滞なく新たな後見人の選任を家庭裁判所に請求しなければならない。

第846条

後見人の解任

後見人に不正な行為、著しい不行跡その他、後見の任務に適しない事由があるときは、家庭裁判所は、後見監督人、被後見人もしくは、その親族もしくは検察官の請求により、または職権で、これを解任することができる。

第847条

後見人の欠格事由

次に掲げる者は、後見人となることができない。

一　未成年者

二　家庭裁判所で免ぜられた法定代理人、保佐人または補助人

三　破産者

四　被後見人にたいして訴訟をし、または、した者ならびに、
　　その配偶者および直系血族

五　行方の知れない者

第2款　後見監督人（848条〜852条の関係）

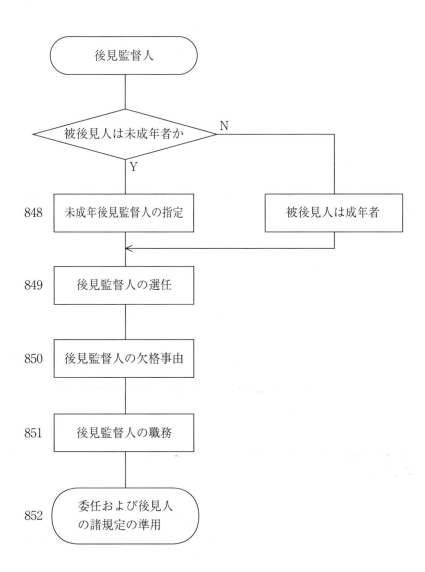

第848条

未成年後見監督人の指定

　未成年後見人を指定することができる者は、遺言で、未成年後見監督人を指定することができる。

第849条

後見監督人の選任

　家庭裁判所は、必要があると認めるときは、被後見人、その親族もしくは後見人の請求により、または職権で、後見監督人を選任することができる。

第850条

後見監督人の欠格事由

　後見人の配偶者、直系血族および兄弟姉妹は、後見監督人となることができない。

第851条

後見監督人の職務

　後見監督人の職務は、次のとおりとする。

一　後見人の事務を監督すること。

二　後見人が欠けた場合に、遅滞なく、その選任を家庭裁判所に請求すること。

三　急迫の事情がある場合に、必要な処分をすること。

四　後見人または、その代表する者と被後見人との利益が相反する行為について、被後見人を代表すること。

第852条

委任および後見人の諸規定の準用

　第644条（受任者の注意義務）、第654条（委任の終了後の処分）、第655条（委任の終了の対抗要件）、第844条（後見人の辞任）、第846条（後見人の解任）、第847条（後見人の欠格事由）、第861条、第2項（後見の事務の費用）および第862条（後見人の報酬）の規定は後見監督人について、第840条、第3項（未成年後見人の選任）および第857条の2（未成年後見人が数人ある場合の権限の行使等）の規定は未成年後見監督人について、第843条、第4項（成年後見人の選任）、第859条の2（成年後見人が数人ある場合の権限の行使等）および第859条の3（成年被後見人の居住用不動産の処分についての許可）の規定は成年後見監督人について準用する。

第3節　後見の事務（853条〜869条の関係）

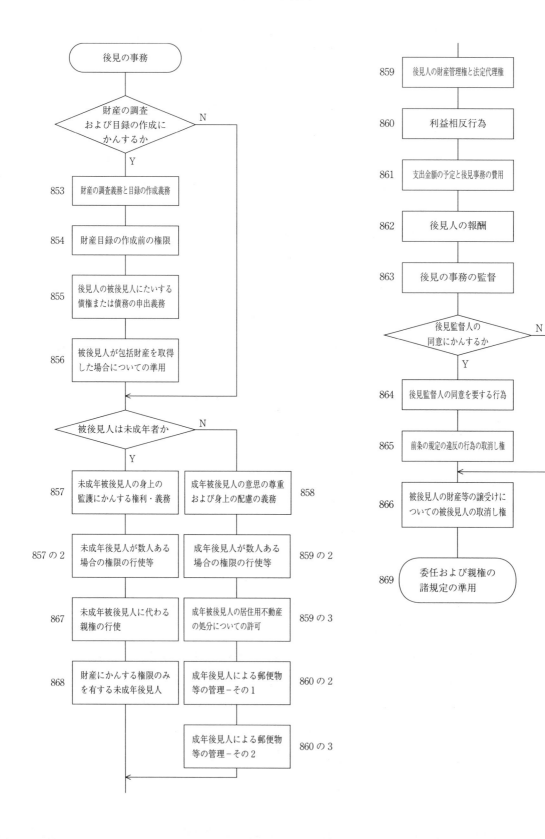

後見の事務

財産の調査および目録の作成にかんするか　N

Y

853　財産の調査義務と目録の作成義務

854　財産目録の作成前の権限

855　後見人の被後見人にたいする債権または債務の申出義務

856　被後見人が包括財産を取得した場合についての準用

被後見人は未成年者か　N

Y

857　未成年被後見人の身上の監護にかんする権利・義務

858　成年被後見人の意思の尊重および身上の配慮の義務

857の2　未成年後見人が数人ある場合の権限の行使等

859の2　成年後見人が数人ある場合の権限の行使等

867　未成年被後見人に代わる親権の行使

859の3　成年被後見人の居住用不動産の処分についての許可

868　財産にかんする権限のみを有する未成年後見人

860の2　成年後見人による郵便物等の管理－その1

860の3　成年後見人による郵便物等の管理－その2

859　後見人の財産管理権と法定代理権

860　利益相反行為

861　支出金額の予定と後見事務の費用

862　後見人の報酬

863　後見の事務の監督

後見監督人の同意にかんするか　N

Y

864　後見監督人の同意を要する行為

865　前条の規定の違反の行為の取消し権

866　被後見人の財産等の譲受けについての被後見人の取消し権

869　委任および親権の諸規定の準用

第853条

後見人による財産の調査義務および目録の作成義務

① 後見人は、遅滞なく被後見人の財産の調査に着手し、1箇月以内に、その調査を終わり、かつ、その目録を作成しなければならない。ただし、この期間は、家庭裁判所において伸長することができる。

② 財産の調査および、その目録の作成は、後見監督人があるときは、その立会いをもってしなければ、その効力を生じない。

第854条

```
╭─────────────────────────────────────────╮
│         財産の目録の作成前の後見人の権限          │
╰─────────────────────────────────────────╯
                    │
╭─────────────────────────────────────────╮
│    後見人は，財産の目録の作成を終わるまでは，急迫の必要         │
│  がある行為のみをする権限を有する。ただし，これをもって         │
│  善意の第三者に対抗することができない。            (1)  │
╰─────────────────────────────────────────╯
```

(1)　後見人をA、被後見人をB、第三者をCとする。財産の目録の作成を終わるまでに、Aが急迫の必要のない行為、たとえば、B所有の建物を、AがBの法定代理人としてCに売却したばあい。高梨公之・監修・口語民法［新補訂2版］を参照した。

〔財産目録の作成前〕

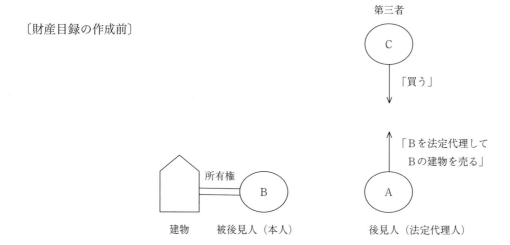

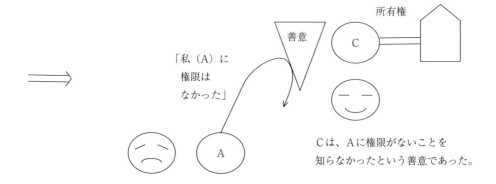

第855条

```
┌─────────────────────────────────────────┐
│  後見人の被後見人にたいする債権または債務の申出義務  │
└─────────────────────────────────────────┘
```

①
　　後見人が、被後見人にたいし、債権を有し、または債務を負う場合において、後見監督人があるときは、財産の調査に着手する前に、これを後見監督人に申し出なければならない。

②
　　後見人が、被後見人にたいし債権を有することを知って、これを申し出ないときは、その債権を失う。　　　　(1)

(1)　被後見人をＡ、後見人をＢとする。

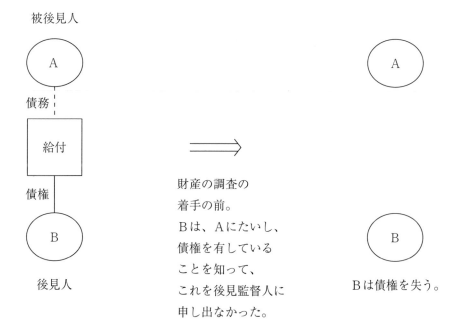

被後見人

Ａ

債務

給付

債権

Ｂ

後見人

財産の調査の
着手の前。
Ｂは、Ａにたいし、
債権を有している
ことを知って、
これを後見監督人に
申し出なかった。

Ａ

Ｂ

Ｂは債権を失う。

第856条

被後見人が包括財産を取得した場合についての準用

　前三条の規定は、後見人が就職した後、被後見人が
包括財産を取得した場合について準用する。

第857条

未成年被後見人の身上の監護にかんする権利・義務

　未成年後見人は、第820条から第823条までに規定する
事項について、親権を行う者と同一の権利義務を有する。
ただし、親権を行う者が定めた教育の方法および居所を
変更し、営業を許可し、その許可を取り消し、または、
これを制限するには、未成年後見監督人があるときは、
その同意を得なければならない。

第857条の2

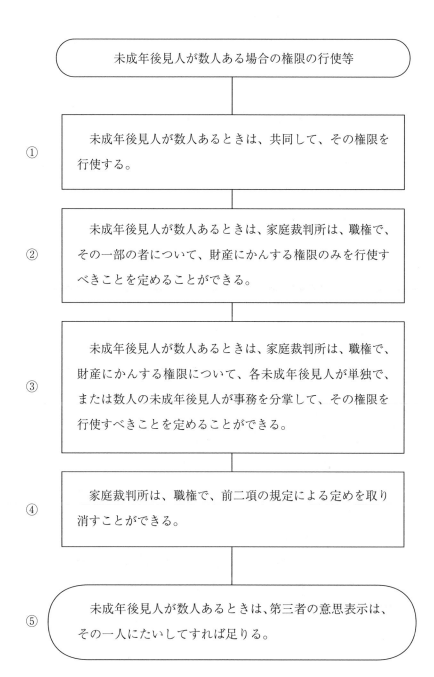

未成年後見人が数人ある場合の権限の行使等

① 　未成年後見人が数人あるときは、共同して、その権限を行使する。

② 　未成年後見人が数人あるときは、家庭裁判所は、職権で、その一部の者について、財産にかんする権限のみを行使すべきことを定めることができる。

③ 　未成年後見人が数人あるときは、家庭裁判所は、職権で、財産にかんする権限について、各未成年後見人が単独で、または数人の未成年後見人が事務を分掌して、その権限を行使すべきことを定めることができる。

④ 　家庭裁判所は、職権で、前二項の規定による定めを取り消すことができる。

⑤ 　未成年後見人が数人あるときは、第三者の意思表示は、その一人にたいしてすれば足りる。

第858条

成年被後見人の意思の尊重および身上の配慮の義務

　成年後見人は、成年被後見人の生活、療養看護および財産の管理にかんする事務を行うに当たっては、成年被後見人の意思を尊重し、かつ、その心身の状態および生活の状況に配慮しなければならない。

第859条

後見人のもつ財産管理権と法定代理権

① 　後見人は、被後見人の財産を管理し、かつ、その財産にかんする法律行為について被後見人を代表する。

② 　第824条ただし書き（子の行為を目的とする債務と本人の同意）の規定は、前項の場合について準用する。

第859条の2

> 成年後見人が数人ある場合の権限の行使等

① 　成年後見人が数人あるときは、家庭裁判所は、職権で、数人の成年後見人が、共同して、または事務を分掌して、その権限を行使すべきことを定めることができる。

② 　家庭裁判所は、職権で、前項の規定による定めを取り消すことができる。

③ 　成年後見人が数人あるときは、第三者の意思表示は、その一人にたいしてすれば足りる。

第859条の3

> 成年被後見人の居住用不動産の処分についての許可

　成年後見人は、成年被後見人に代わって、その居住の用に供する建物または、その敷地について、売却、賃貸、賃貸借の解除または抵当権の設定その他これらに準ずる処分をするには、家庭裁判所の許可を得なければならない。

第860条

利益相反行為

　第826条（親権者と子の利益相反行為）の規定は、後見人について準用する。ただし、後見監督人がある場合は、この限りでない。

第860条の2

成年後見人による郵便物等の管理－その１

① 　家庭裁判所は、成年後見人が、その事務を行うにあたって必要があると認めるときは、成年後見人の請求により、信書の送達の事業を行う者にたいし、期間を定めて、成年被後見人に宛てた郵便物または民間事業者による信書の送達に関する法律、第２条、第３項に規定する信書便物（次条において「郵便物等」という。）を成年後見人に配達すべき旨を嘱託することができる。

② 　前項に規定する嘱託の期間は、６箇月を超えることができない。

③ 　家庭裁判所は、第１項の規定による審判があった後、事情に変更を生じたときは、成年被後見人、成年後見人もしくは成年後見監督人の請求により、または職権で、同項に規定する嘱託を取り消し、または変更することができる。ただし、その変更の審判においては、同項の規定による審判において定められた期間を伸長することができない。

④ 　成年後見人の任務が終了したときは、家庭裁判所は、第１項に規定する嘱託を取り消さなければならない。

第860条の3

```
┌─────────────────────────────────────────┐
│      成年後見人による郵便物等の管理－その2        │
└─────────────────────────────────────────┘
```

　①　　成年後見人は、成年被後見人に宛てた郵便物等を受け取ったときは、これを開いて見ることができる。

　②　　成年後見人は、その受け取った前項の郵便物等で成年後見人の事務に関しないものは、速やかに成年被後見人に交付しなければならない。

　③　　成年被後見人は、成年後見人にたいし、成年後見人が受け取った第1項の郵便物等（前項の規定により成年被後見人に交付されたものを除く。）の閲覧を求めることができる。

第861条

支出金額の予定および後見の事務の費用

① 　後見人は、その就職の初めにおいて、被後見人の生活、教育または療養看護および財産の管理のために毎年、支出すべき金額を予定しなければならない。

② 　後見人が後見の事務を行うために必要な費用は、被後見人の財産の中から支弁する。

第862条

後見人の報酬

　家庭裁判所は、後見人および被後見人の資力その他の事情によって、被後見人の財産の中から、相当な報酬を後見人に与えることができる。　　(1)

(1)　沼正也・墓場の家族法と揺りかごの財産法［新版］292頁に、つぎの記述がある。「要保護性の補完
は対価関係からも無条件ですから後見人の事務執行についても被後見人に対し対価を請求することは
許されませんが、未成年者たる被後見人が相続をとおして莫大な資産を有し後見人はその日暮らしの
生活をしているというような場合では、後見事務にもじゅうぶんな時間を割いてもらうことができる
ようにする等のため〔民法862条の条文が書かれている。中山による注〕ものとされています（八六二
条）。ここに『報酬』とは、財産法上の等価交換の原理に出る報酬とは本質を異にします。財産法上
の報酬は債務者がじぶんの財布を開けて支払いをするのに、後見人に対する報酬の支払いはいわば本
人の知らぬ間に家庭裁判所が国庫金からではなく被後見人の財布を勝手に開けて支払うというような
点でも大いに趣を異にします。後見人がたとえば被後見人の貸家の家賃を取り立てるについて交通費
を要したというような経費の実費弁償がうけられることはいうまでもなく、このような費用はここに
いう報酬中に包摂されません。」以下、図解する。

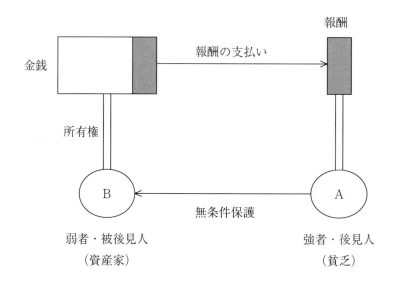

第863条

後見の事務の監督

① 　後見監督人または家庭裁判所は、いつでも、後見人にたいし、後見の事務の報告もしくは財産の目録の提出を求め、または後見の事務もしくは被後見人の財産の状況を調査することができる。

② 　家庭裁判所は、後見監督人、被後見人もしくは、その親族その他の利害関係人の請求により、または職権で、被後見人の財産の管理その他、後見の事務について必要な処分を命ずることができる。

第864条

後見監督人の同意を要する行為

　後見人が、被後見人に代わって営業もしくは第13条、第1項、各号に掲げる行為をし、または未成年被後見人が、これをすることに同意するには、後見監督人があるときは、その同意を得なければならない。ただし、同項、第1号に掲げる元本の領収については、この限りでない。

第865条

前条の規定の違反の行為の取消し権

①　後見人が、前条の規定に違反してし、または同意を与えた行為は、被後見人または後見人が取り消すことができる。この場合においては、第20条（制限行為能力者の相手方の催告権）の規定を準用する。

②　前項の規定は、第121条から第126条までの規定の適用を妨げない。

第866条

被後見人の財産等の譲受けについての被後見人の取消し権

①　後見人が被後見人の財産または被後見人にたいする第三者の権利を譲り受けたときは、被後見人は、これを取り消すことができる。この場合においては、第20条（制限行為能力者の相手方の催告権）の規定を準用する。　(1)

②　前項の規定は、第121条から第126条までの規定の適用を妨げない。

(1)　被後見人をA、後見人をB、第三者をCとする。高梨公之・監修・口語民法［新補訂2版］、神谷
　　遊・新基本法コンメンタール［第2版］326頁を参照した。

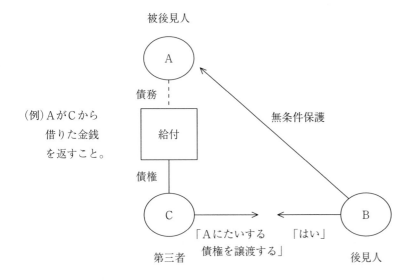

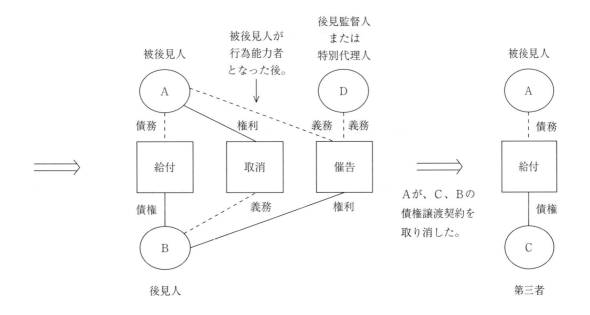

第867条

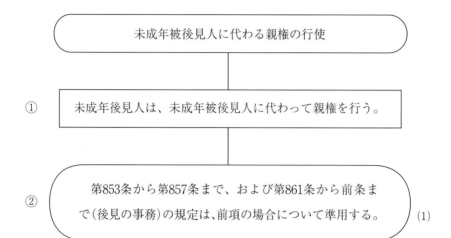

①　未成年後見人は、未成年被後見人に代わって親権を行う。

②　第853条から第857条まで、および第861条から前条まで（後見の事務）の規定は、前項の場合について準用する。　(1)

(1)　高梨公之・監修・口語民法〔新補訂2版〕によると、本条は民法833条と同趣旨である、とはいえ、民法833条より、制限が厳しくなっている。

第868条

財産にかんする権限のみを有する未成年後見人

親権を行う者が管理権を有しない場合には、未成年後見人は、財産にかんする権限のみを有する。

第869条

委任および親権の諸規定の準用

第644条（受任者の注意義務）および第830条（第三者が無償で子に与えた財産の管理）の規定は、後見について準用する。

第4節　後見の終了（870条〜875条の関係）

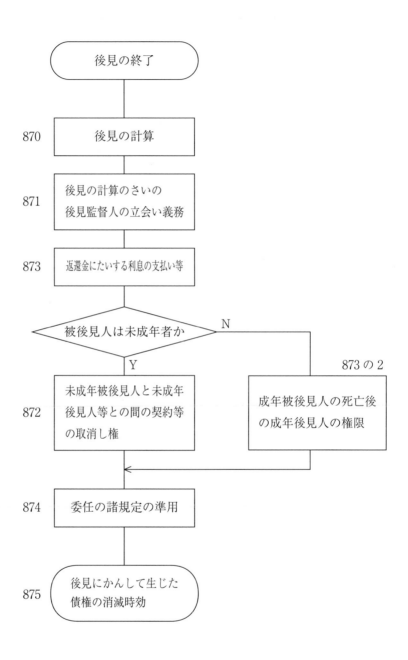

後見の終了

870　後見の計算

871　後見の計算のさいの後見監督人の立会い義務

873　返還金にたいする利息の支払い等

被後見人は未成年者か　N　Y

872　未成年被後見人と未成年後見人等との間の契約等の取消し権

873の2　成年被後見人の死亡後の成年後見人の権限

874　委任の諸規定の準用

875　後見にかんして生じた債権の消滅時効

第870条

後見の計算

　後見人の任務が終了したときは、後見人または、その相続人は、2箇月以内に、その管理の計算（以下「後見の計算」という。）をしなければならない。ただし、この期間は、家庭裁判所において伸長することができる。

第871条

後見の計算のさいの後見監督人の立会い義務

　後見の計算は、後見監督人があるときは、その立会いをもってしなければならない。　　　　　　　　　(1)

(1)　後見監督人の立会いが義務であることについては、神谷遊・新基本コンメンタール親族〔第2版〕329頁を参照。

第872条

未成年被後見人と未成年後見人等との間の契約等の取消し権

① 　未成年被後見人が、成年に達した後、後見の計算の終了前に、その者と未成年後見人または、その相続人との間でした契約は、その者が取消すことができる。その者が、未成年後見人または、その相続人にたいして、した単独行為も、同様とする。 (1)

② 　第20条（制限行為能力者の相手方の催告権）および第121条から第126条まで（取消し、および追認）の規定は、前項の場合について準用する。

(1)　沼正也・前掲295頁以下で、つぎのように述べられる。「未成年者はすでにして成年者であり完全者となっているのですから、後見人であった者との間にした契約は完全に有効であるはずなのに、これはどうしたことなのでしょうか。未成年者はまだ管理の計算をすましてもらってなく、『自由意志』度において後見人におけるよりは低いという点に着眼してのことなのです。契約をした場合のほか単独行為をした場合もあげられていますが、その典型的な場合は被後見人が後見人に対し債権を有している場合における債務免除があげられます（五一九条参照。債務免除も、あくなき個人意思尊重の市民社会法の論理からすれば契約構成にしなければならないのに、わが民法がこれを単独行為としたのは立法上のミスといわざるをえない。）。」高梨公之・監修・口語民法〔新補訂２版〕では、つぎのように述べられる。「成年・・・に達したばかりで後見財産の変動や現状について知識のない者が、うっかり、またはしぶしぶ未成年後見人の責任を免除するような契約をすることを避けるための規定である。契約でなくても未成年後見人の責任を免除するというような一方的宣言がされれば同じことになるので、これも契約同様取り消せるものとした。」未成年者をＡ、未成年後見人をＢとする。

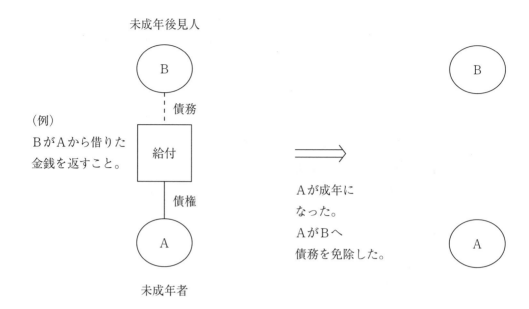

未成年後見人

（例）
BがAから借りた
金銭を返すこと。

債務

給付

債権

未成年者

Aが成年に
なった。
AがBへ
債務を免除した。

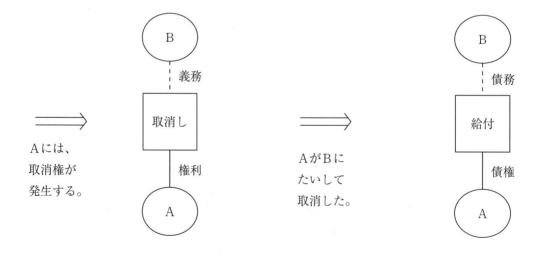

Aには、
取消権が
発生する。

義務

取消し

権利

AがBに
たいして
取消した。

債務

給付

債権

第873条

返還金にたいする利息の支払い等

①　　後見人が被後見人に返還すべき金額および被後見人が後見人に返還すべき金額には、後見の計算が終了した時から、利息を付さなければならない。

②　　後見人は、自己のために被後見人の金銭を消費したときは、その消費の時から、これに利息を付さなければならない。この場合において、なお損害があるときは、その賠償の責任を負う。　　　　　(1)

(1)　沼正也・前掲296頁で、つぎのように述べられる。「・・・、この規定〔民法873条・中山による注〕にいたっては要保護性の補完を越えて、財産法［傍点・沼］的注意規定の次元で規定されているものなのです・・・。」

第873条の 2

成年被後見人の死亡後の成年後見人の権限

　成年後見人は、成年被後見人が死亡した場合において、必要があるときは、成年被後見人の相続人の意思に反することが明らかなときを除き、相続人が相続財産を管理することができるに至るまで、次に掲げる行為をすることができる。ただし、第三号に掲げる行為をするには、家庭裁判所の許可を得なければならない。

一　相続財産に属する特定の財産の保存に必要な行為

二　相続財産に属する債務（弁済期が到来しているものに限る。）の弁済

三　その死体の火葬または埋葬にかんする契約の締結その他、相続財産の保存に必要な行為（前二号に掲げる行為を除く。）

第874条

委任の諸規定の準用

　第654条（委任の終了後の処分）および第655条（委任の終了の対抗要件）の規定は、後見について準用する。

第875条

後見にかんして生じた債権の消滅時効

① 　第832条（財産の管理について生じた親子間の債権の消滅時効）の規定は、後見人または後見監督人と被後見人との間において後見にかんして生じた債権の消滅時効について準用する。

② 　前項の消滅時効は、第872条の規定により法律行為を取り消した場合には、その取消しの時から起算する。

第6章　保佐および補助

第1節　保佐（876条～876条の5の関係）

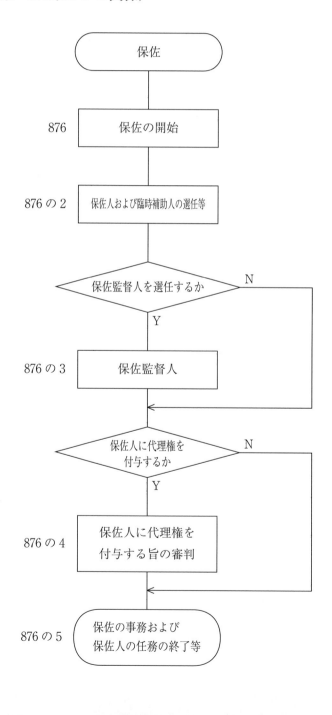

第876条

保佐の開始

保佐は、保佐開始の審判によって開始する。

第876条の 2

保佐人および臨時保佐人の選任等

①　家庭裁判所は、保佐開始の審判をするときは、職権で、保佐人を選任する。

②　第843条、第 2 項から第 4 項まで（成年後見人の選任）および第844条から第847条まで（後見人の辞任、新後見人の選任、解任、欠格事由）の規定は、保佐人について準用する。

③　保佐人または、その代表する者と被保佐人との利益が相反する行為については、保佐人は、臨時保佐人の選任を家庭裁判所に請求しなければならない。ただし、保佐監督人がある場合は、この限りでない。

第876条の 3

保佐監督人

① 　家庭裁判所は、必要があると認めるときは、被保佐人、その親族もしくは保佐人の請求により、または職権で、保佐監督人を選任することができる。

② 　第644条(受任者の注意義務)、第654条(委任の終了後の処分)、第655条(委任の終了の対抗要件)、第843条、第 4 項(成年後見人の選任)、第844条(後見人の辞任)、第846条(後見人の解任)、第847条(後見人の欠格事由)、第850条(後見監督人の欠格事由)、第851条(後見監督人の職務)、第859条の 2 (成年後見人が数人ある場合の権限の行使等)、第859条の 3 (成年被後見人の居住用不動産の処分についての許可)、第861条、第 2 項(後見の事務の費用)および第862条(後見人の報酬)の規定は、保佐監督人について準用する。この場合において、第851条、第 4 号中「被後見人を代表する」とあるのは、「被保佐人を代表し、または被保佐人が、これをすることに同意する」と読み替えるものとする。

第876条の4

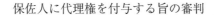

保佐人に代理権を付与する旨の審判

① 　家庭裁判所は、第11条、本文に規定する者または保佐人もしくは保佐監督人の請求によって、被保佐人のために特定の法律行為について保佐人に代理権を付与する旨の審判をすることができる。

② 　本人以外の者の請求によって前項の審判をするには、本人の同意がなければならない。

③ 　家庭裁判所は、第１項に規定する者の請求によって、同項の審判の全部または一部を取り消すことができる。

第876条の5

保佐の事務および保佐人の任務の終了等

① 　保佐人は、保佐の事務を行うに当たっては、被保佐人の意思を尊重し、かつ、その心身の状態および生活の状況に配慮しなければならない。

② 　第644条（受任者の注意義務）、第859条の2（成年後見人が数人ある場合の権限の行使等）、第859条の3（成年被後見人の居住用不動産の処分についての許可）、第861条、第2項（後見の事務の費用）、第862条（後見人の報酬）および第863条（後見の事務の監督）の規定は保佐の事務について、第824条ただし書（子の行為を目的とする債務と本人の同意）の規定は保佐人が前条、第1項の代理権を付与する旨の審判にもとづき被保佐人を代表する場合について準用する。

③ 　第654条（委任の終了後の処分）、第655条（委任の終了の対抗要件）、第870条（後見の計算）、第871条（後見の計算のさいの後見監督人の立会い義務）および第873条（返還金にたいする利息の支払等）の規定は保佐人の任務が終了した場合について、第832条（財産の管理について生じた親子間の債権の消滅時効）の規定は保佐人または保佐監督人と被保佐人との間において保佐にかんして生じた債権について準用する。

第 2 節　補助（876条の 6 ～876条の10の関係）

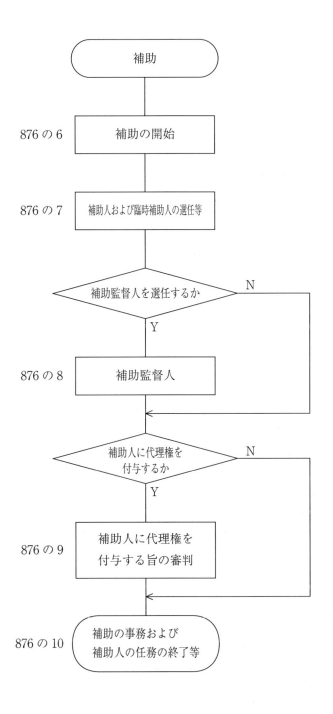

第876条の6

> 補助の開始

> 補助は、補助開始の審判によって開始する。

第876条の7

> 補助人および臨時補助人の選任等

① 　家庭裁判所は、補助開始の審判をするときは、職権で、補助人を選任する。

② 　第843条、第2項から第4項まで（成年後見人の選任）および第844条から第847条まで（後見人の辞任、新後見人の選任、解任、欠格事由）の規定は、補助人について準用する。

③ 　補助人または、その代表する者と被補助人との利益が相反する行為については、補助人は、臨時補助人の選任を家庭裁判所に請求しなければならない。ただし、補助監督人がある場合は、この限りでない。

第876条の8

```
                    ┌─────────────────────────────┐
                    │           補助監督人            │
                    └─────────────────────────────┘
                                   │
         ┌─────────────────────────────────────────────────┐
         │  家庭裁判所は、必要があると認めるときは、被補助人、     │
①        │ その親族もしくは補助人の請求により、または職権で、補    │
         │ 助監督人を選任することができる。                     │
         └─────────────────────────────────────────────────┘
                                   │
         ╭─────────────────────────────────────────────────╮
         │  第644条（受任者の注意義務）、第654条（委任の終了      │
         │ 後の処分）、第655条（委任の終了の対抗要件）、第843条、  │
         │ 第４項（成年後見人の選任）、第844条（後見人の辞任）、   │
         │ 第846条（後見人の解任）、第847条（後見人の欠格事由）、  │
         │ 第850条（後見監督人の欠格事由）、第851条（後見監督人   │
         │ の職務）、第859条の２（成年後見人が数人あるばあいの    │
②        │ 権限の行使等）、第859条の３（成年被後見人の居住用不    │
         │ 動産の処分についての許可）、第861条、第２項（後見の    │
         │ 事務の費用）および第862条（後見人の報酬）の規定は、    │
         │ 補助監督人について準用する。この場合において、第      │
         │ 851条、第４号中「被後見人を代表する」とあるのは、「被   │
         │ 補助人を代表し、または被補助人が、これをすることに     │
         │ 同意する」と読み替えるものとする。                   │
         ╰─────────────────────────────────────────────────╯
```

第876条の 9

補助人に代理権を付与する旨の審判

①　　家庭裁判所は、第15条、第 1 項、本文に規定する者または補助人もしくは補助監督人の請求によって、被補助人のために特定の法律行為について補助人に代理権を付与する旨の審判をすることができる。

②　　第876条の 4 、第 2 項および第 3 項（保佐人に代理権を付与する旨の審判）の規定は、前項の審判について準用する。

第876条の10

```
┌─────────────────────────────────────────┐
│        補助の事務および補助人の任務の終了等        │
└─────────────────────────────────────────┘
```

①
　　第644条(受任者の注意義務)、第859条の2(成年後見人が数人あるばあいの権限の行使等)、第859条の3(成年被後見人の居住用不動産の処分についての許可)、第861条、第2項(後見の事務の費用)、第862条(後見人の報酬)、第863条(後見の事務の監督)および第876条の5、第1項(保佐の事務処理の基準)の規定は補助の事務について、第824条ただし書(子の行為を目的とする債務と本人の同意)の規定は補助人が前条、第1項の代理権を付与する旨の審判にもとづき被補助人を代表する場合について準用する。

②
　　第654条(委任の終了後の処分)、第655条(委任の終了の対抗要件)、第870条(後見の計算)、第871条(後見の計算のさいの後見監督人の立会い義務)および第873条(返還金にたいする利息の支払い等)の規定は補助人の任務が終了した場合について、第832条(財産の管理について生じた親子間の債権の消滅時効)の規定は補助人または補助監督人と被補助人との間において補助にかんして生じた債権について準用する。

第7章　扶　　養（877条～881条の関係）

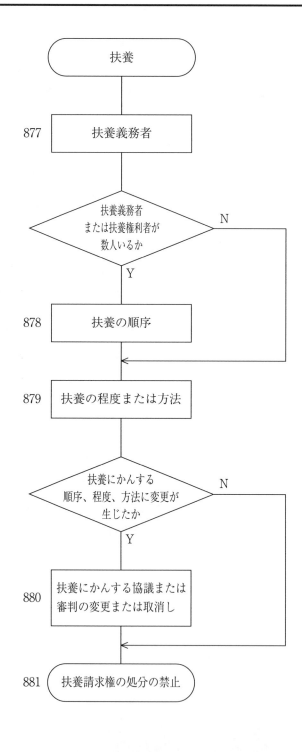

第877条

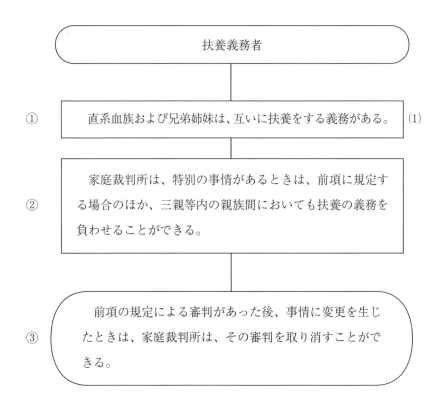

①　直系血族および兄弟姉妹は、互いに扶養をする義務がある。　(1)

②　家庭裁判所は、特別の事情があるときは、前項に規定する場合のほか、三親等内の親族間においても扶養の義務を負わせることができる。

③　前項の規定による審判があった後、事情に変更を生じたときは、家庭裁判所は、その審判を取り消すことができる。

(1)　沼正也・墓場の家族法と揺りかごの財産法（沼 正也 著作集 16）［新版］278頁（1977年）に、つぎの記述がある。「保護法としての親子法の条文配置は『第四章　親権』と題してなされたので、未成年の子に対する扶養は規定場所を失って、保護法としての狭義の親族法の条文配置『第六章　扶養』のなかに合わせ規定せられています。すなわち、第八七七条第一項の『直系血族及び兄弟姉妹は、互に扶養をする義務がある。』という規定の直系血族間の扶養のなかに包摂せしめられているのです。」
　沼正也・前掲307頁以下に、わが国の扶養について、「血縁保護関係としての親族扶養」の表題のもとに、公的扶養をふくめて以下の記述がある。「・・・狭義の親族法における事実的監護・行為的監護が地縁分配において構成されているのに対し、経済的監護は血縁分配において構成されているという両者の対立性についてはすでにくわしく述べたとおりであり、前者が地縁構成であるということは、関係法との断絶を意味し・・・、後者は血縁構成であるがゆえに、厳格主義＝非自由主義に支配せられる関係法の側面と直結し厳格に親族関係ある者の間にのみ経済的監護－いわゆる親族（的）扶養が分配されるのです。狭義の親族関係が消滅すれば、その当事者の一方の死亡によって消滅した場合でなくても、親族（的）扶養義務はたちどころにしてその効力が喪失せしめられます・・・。そうして、このような厳格主義からの無条件のうえに、すなわち、要保護者を目のまえにしてはなにものからもの無条件において、親族関係消滅後における親族たりし者の間の扶養義務の分配が判例法として意欲的に構築される可能性を蔵しているのです・・・。このような判例法の構築にまたしめられるべきも

のをべつとして、なぜに経済的監護は血縁分配に構成されているのでしょうか。保護法としての狭義の親族法は私法における保護のしわ寄せ規定、すなわちこの世のさいごの一人までの要保護性を補完して完全者たらしめなければならないものなのですから（市民社会法の基本構造の私法の側面での貫徹・浸透）、このように血縁に条件づけるならば、血縁関係に立たない者は経済的監護を親族法から期待することができず、法の強制性によってすべての人に独立・平等・自由（基本的人権）を実現せずんば止まないという市民社会法の崇高な悲願も私法の側面では挫折しているといわなければならないといちおういえます。されば保護法としての狭義の親族法は、その本質において血縁構成を思い止まって『血縁』からの高次元において『保護法としての私（法）的保護法』であらねばならず、わが現行法上では事実的監護・行為的監護の側面においてのみ、その名に値するものに高められているのです（すでに考察したように、この両者は地縁構成によっているから。）。にもかかわらず、経済的監護の側面においてはあえて血縁構成をとり、親族法によって経済的監護をうけることのできない無保護者を認容しているのは、近代市民社会の社会的・経済的財生産機構に規定せられてのことで、このことは事実的監護・行為監護の担い手（たとえば、後見人。）に無償な労力提供のみを強要し金品提供の強要をきびしく排除している点にも顕著にうかがうことができます。しかし、このように血縁関係に立つ者をもたず経済的監護をうくべき者のない要保護者は、近代法の全体系中どこにも無条件にその補完をうける道が絶たれているということにはなりません。親族法が血縁関係をもたない要保護者の保護を怠り平然として止まっているものならば、市民社会法は経済的側面においては、さいごの一人までもその要保護性を無条件に補完しなければならないという至上命令を踏みにじることを意としないものというそしりをうけねばなりません。このそしりをうけるわけにはいきませんから、親族法はつねに公的保護法と連絡を保ちつつ、親族的扶養ないしひろく経済的監護の一半を公法的手段にしっかりとバトンを渡しているものでなければならないのです。潜在的にも高度な必然的生活共同関係に立たない血縁者の保護は公法的地縁手段にじわじわと移しつつあるというのが、先進国における現段階の状態であるということができましょう。顔も見たこともないような、あるいはめったに顔を合わせることがないような親族の扶養を血縁関係にあることにより無条件に分担させられるということは、財の生産関係の変遷により個々人が土地の束縛から解放されて、広範な大家族集団が遠い昔の幻影と化し去ったいまでは、あまりにもきびしすぎる要保護性補完の強要です。市民社会法はあまりに極端な生存競争を認容せず、それとまさしくシンメトリーにあまりにも酷な相互扶助も強要しないという法理についてはすでにくわしく考察したところですが・・・、その具体的顕現の一つをここにみるのです（親族扶養の、公的扶養ないし社会保障制度への昇華。）。私的扶養と公的扶養（ないし社会保障制度）とは、タイミングがしっかりと合っていなければならないのです。これこれは私法的手段に保護が分配されるかぎりのものにあらずと突き離されているばかりで公法的手段に受け入れ体制が整っていなければ、要保護者は無保護の谷間に突き落とされるばかりです。社会保障制度の整備が国家のあらゆる制度のなかで優先・無条件に施策せられている国は市民社会の強制実現につきもっとも忠実な国家であり、これに対しこれらがつねに他の施策に劣後せしめられる国は市民社会の実現に不忠実であるばかりでなく、市民社会の対立物としての封建社会の遺制を欲すると欲せざるとを問わず温存せしめる結果となっていることを知らねばならないのです。立法府や行政府がこのような態

度をとり続けるならば、司法府は欲すると欲せざるとを問わず要保護者を無保護の谷間に突き落とさないような慎重な配慮のもとに法の適用をしなければならない境地に追いやられるのです（さきに精神病離婚をめぐり、『病者の今後の療養、生活等についてできるかぎりの具体的方途を講じ、ある程度において、前途に、その方途の見込のついた上でなければ、ただちに婚姻関係を廃絶することは不相当』云々と判示する最高裁判所の裁判例につき考察したことがあるが・・・、これは市民社会法の理想の実現のさいごの担い手たる裁判所の苦衷をにょじつに示してあまりあるものというべきよい見本であろう。望むらくは、最高裁判所が社会保障諸法の貧困が違憲であることの指摘に怯であるなかれ。）。」

　篠塚昭次・民法口話5・家族法110頁（1999年）では、扶養について「私的扶養優先の原則」の表題のもとに、つぎのように述べられる。「これは全体として私的扶養と言います。民法上の扶養です。ところが、皆さんも良く知っている生活保護というのがあります。生活保護法による生活保護制度、このほうは公的扶養といいます。この私的扶養と公的扶養はどちらが優先するか。大体、先進資本主義国は公的扶養が優先しますから、私的扶養というのは、ほとんどこれは補充的な補助的なものでしかないわけです。ところが日本の場合には、私的扶養優先という大原則が生活保護法の中に書かれています。」さらに、113頁では「公的扶養優先とすべきだということは、先進国の常識です。（中略）そして今度の民法改正案というものがもし審議される時には、先程の後見制度と並んで私的扶養制度も直したほうがよい、そうして、生活保護法4条2項の公的扶養は私的扶養のあとで補充的に行うという発想を逆転させることが必要でしょう。20年前に生き別れたのではなくて、年中会っている兄弟でも暮らしに困った時に本当に面倒をみてくれますか、とは言えないでしょう。」さらに、113頁以下で「個人の時代の扶養の改革」という表題のもとに、つぎのように述べられる。「しかし、普通の庶民の間で、自分が病気になり倒れたときに、職を失ったときに、自分の兄とか弟とか妹とかに自分の暮らしを支えてもらえるだろうか。見舞いなんかには来るでしょうけれども、生活費ですよ問題は。これは多分期待できないし、期待させない方がよい、期待しても払ってくれないから強制履行の問題が始まってしまうだけなんですよ、これをやると。実際の生活保護の場合にはもうすでにその点を勘案して民生委員などは活動していると思います。このような私的（家族的）扶養の法原理は哲学としてもほとんど消滅しているものではないですか。家族は解体して個人が社会の構成単位に変わっているんです。もう、公的扶養に切り換えるには遅すぎるくらいになっています。日本は世界でいちばん金持ち国だと思われているんですから、それほど豊かではないと思われているドイツ・フランスなんかをみても、公的扶養優先ということで進んできています。・・・」

　以上の引用のなかで、沼博士は、「親族扶養の、公的扶養ないし社会保障制度への昇華。」と述べられる。篠塚博士は、「生活保護法4条2項の公的扶養は私的扶養のあとで補充的に行うという発想を逆転させることが必要でしょう。」と述べられ、さらに、「このような私的（家族的）扶養の法原理は哲学としてもほとんど消滅しているものではないですか。家族は解体して個人が社会の構成単位に変わっているんです。もう、公的扶養に切り換えるには遅すぎるくらいになっています。」と述べられる。筆者（中山）としても、民法のなかの「扶養」を、公的扶養ないしは社会保障制度へと昇華させて、早急に、個人単位の公的な経済的扶養を実現しなければならないと考える。まずは生活保護法4

条2項の私的扶養優先の原則を廃止することから始めてはどうか。以上のことを立法、行政、司法の三権は真剣に考えなければならないだろう。三権が現状を見て見ぬふりをするならば、三権の不作為責任が問われることになるだろう。

　権利は「相手方（他人）に対して、ある作為・不作為を求めることのできる権能。」（法律学小辞典・第5版・2016年）、あるいは、権利は「一般に権利と義務は一つの法律関係の表裏をなし、権利には義務が通常は対応するが、取消権・解除権のような形成権には、対応する義務がない。」（新法学辞典・1993年）と言われる。さらに、生存権については、「社会保障立法などの法律を介して、国が法的にもその実現の義務を負うと解する立場、・・・、が多数説である。」（前掲・法律学小辞典）あるいは、生存権とは「狭義では『健康で文化的な最低限度の生活』（憲二五Ⅰ）のために必要な諸条件を国家に対して要求する権利。」（前掲・新法学辞典）と言われる。

　以上から、Aという貧困な個人がいるばあいを図解する。

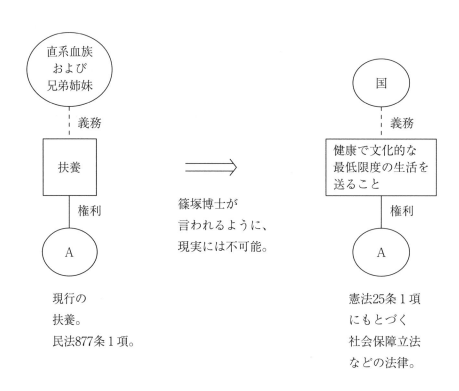

第878条

扶養の順序

　扶養をする義務のある者が数人ある場合において、扶養をすべき者の順序について、当事者間に協議が調わないとき、または協議をすることができないときは、家庭裁判所が、これを定める。扶養を受ける権利のある者が数人ある場合において、扶養義務者の資力が、その全員を扶養するのに足りないときの扶養を受けるべき者の順序についても、同様とする。

第879条

扶養の程度または方法

　扶養の程度または方法について、当事者間に協議が調わないとき、または協議をすることができないときは、扶養権利者の需要、扶養義務者の資力その他、一切の事情を考慮して、家庭裁判所が、これを定める。

第880条

> 扶養にかんする協議または審判の変更または取消し

> 　扶養をすべき者もしくは扶養を受けるべき者の順序または扶養の程度もしくは方法について協議または審判があった後、事情に変更を生じたときは、家庭裁判所は、その協議または審判の変更または取消しをすることができる。

第881条

> 扶養請求権の処分の禁止

> 扶養を受ける権利は、処分することができない。　　(1)

(1)　沼正也・前掲319頁以下に、つぎの記述がある。「『扶養を受ける権利は、これを処分することができない』（八八一条）。保護の無条件性からする当然の要請であり、扶養権利者のがわから扶養義務者のがわに対する扶養の権利の放棄さえ許されないところにまで道は通じています。『処分することができない。』というのは、もっとも一般的には譲渡の禁止で、債権編の第四六六条第一項で『債権ハ之ヲ譲渡スコトヲ得但其性質カ之ヲ許ササルトキハ此限ニ在ラス』の但書がこれをうけており、また、物権編にかかる第三四三条で『質権ハ譲渡スコトヲ得サル物ヲ以テ其目的ト為スコトヲ得ス』とし、権利質についてこの規定が準用せられていて（三六二条二項）、扶養請求権も担保にとることは許されません（公的保護法上の権利についてはきわめて限定的に特定の機関に対してのみ担保許容の道が講ぜられているのは、次善性の原則に基づく。・・・）。民事訴訟法第六一八条第一項第一号により差押もできず、その規定はまた民法に跳ね返って、『債権カ差押ヲ禁シタルモノナルトキハ其債務者ハ相殺ヲ以テ債権者に対抗スルコトヲ得ス』（五一〇条）となり、保護の無条件性はこと保護に連結するかぎり法規範のすみずみにまで外延をひろげていっています。」

　上述の引用に続けて、以下の記述がある。「民法学は、いな法律学一般についてそうですが、法の

どの分野の学問も、いわれているような砂をかむような学問ではないのです。法律学は、もう繰り返して説くまでもないことですが、夢を追っている学問です。芸術が夢を追うのと、同じです。芸術よりも、もっと崇高な夢を追い、しかも正夢化せずんば止まないのが法律学なのです。ですから、法律学にも詩があらねばならないのです。芸術的雰囲気のただよっていない法律学は、本物の法律学ではないといってもいいすぎではないでしょう・・・。

　法律学を世間の人たちから砂をかむような学問だと評せしめるにいたったのは、じゅうらいの法学者の責任なのです。法学に志す人たちは、うす暗い部屋で六法全書を首っぴきにするだけが能ではありません。また、じゅうらいの法学にあきたらずとして、実地に部分社会へと繰り出して恣意的に用意されたアンケートをとりまとめるを出ない程度の法社会学まがいの調査に従事してみることだけにあるものではありません。法の積極的強制を正視して・・・、意欲的にもっともっと高度に法の夢を正夢化する努力が傾けられねばならないのです。研究の合間には、みずから一役買って右に紹介したような法律劇を同じ法律学に志す人たちと自作・自演してみたり朗読会をやってみるのもたいせつなことです。一般民衆のおかれるいろいろな立場を、きびしくじぶんに課してみることができるからです。一般民衆から遊離した一段高い立場から一般民衆を見くだすような判例批評をこころみたり、いな、教壇に立ったり裁判官になったり弁護士になったりするだけで法の原理が正しくつかみとれ、市民社会の理想を正しくこの世に実現するに一役買いうるということになるとはかぎらないと知るべきでしょう・・・。」

【著者紹介】

中山　秀登（なかやま　ひでと）

1954年　東京都に生まれる

1988年　中央大学大学院法学研究科
　　　　博士後期課程民事法専攻満期退学

現　在　流通経済大学法学部教授

主要論文

婚約の法的構造・私法59号180頁

身分行為に関する一考察・流通経済大学論集33巻2号31頁

ドニストリャンスキーによる物権論と債権論・法学新報111巻7・8号81頁

民法の流れ図
―親族―

発行日　2023年4月28日　初版発行

著　者　中　山　秀　登

発行者　上　野　裕　一

発行所　流通経済大学出版会
　　　　〒301-8555　茨城県龍ヶ崎市120
　　　　電話　0297-64-1167　FAX　0297-60-1165

ⓒHideto Nakayama 2023

Printed in Japan/アベル社

ISBN 978-4-947553-95-9 C3032 ¥2300E